プーチンの野望

佐藤　優
Sato Masaru

JN090662

潮新書
045

潮出版社

はじめに

２０２２年２月24日は、歴史の転換点になった。この日、ロシアがウクライナに軍事侵攻した。ロシアは「特別軍事作戦」と呼んでいるが、客観的に見て戦争だ。ロシアの行為はウクライナの主権と領土の一体性を毀損《きそん》するもので、既存の国際法に違反する。ヨーロッパにおいて第２次世界大戦後、最大規模の戦争が起きたことに欧米と日本の政府も国民も驚愕《きょうがく》するとともに、ロシアに対する怒りの感情の渦に巻き込まれている。

このような状況で、ロシアのプーチン大統領の悪魔化が進んでいる。他方、ロシアにおいてはウクライナのゼレンスキー大統領とアメリカのバイデン大統領に対する悪魔化が進んでいる。私は大学と大学院で神学を学び、社会に出てからも（当初は外交官、その後、作家）キリスト教の研究を続けている。実は他者を悪魔化する発想の背景にはキリスト教の影響があることが私にはよく見える。人間は罪から免《まぬか》れない。罪が形をとると悪になる。悪を人格的に体現したものが悪魔なのである。この思考を採ると、一旦、悪魔のレッテルを貼られた者は、打倒するしかないという結論になる。こういう思考を純化させると核兵器を使用してでも悪魔(敵国)を殲滅《せんめつ》しなくてはならないということになりかねない。しかし、そのような発想は、イエス・キリストの教えに反すると私は考える。イエスは、「あなたがたも聞いているとおり、『隣人を愛し、敵を憎め』と言われている。しかし、私は言っておく。敵を愛し、迫害する者のために祈りなさい」(「マタイによる福音書」5章43〜44節)と述べた。憎しみは人の目を曇《くも》らせる。敵を愛する気持ちをもつことで、われわれが敵と目している人が何を考えているかを理解する可能性が生まれる。私は外務省でロシア(旧ソ連を含む)を対象とする情報業務に従事していたが、聖書のこの言葉をいつも忘れないようにしていた。敵対する人々を憎むのではなく、その人たちにはどのような内在的論理があるかをとらえるように努力した。そして、神の働きによって敵対する人々の頑《かたく》なな心が柔和になることを祈った。

この点で仏教から学ぶべきことが多い。仏教ではすべての人間に仏性《ぶっしょう》があると考える。当然、国家指導者にも仏性がある。法華経によると人間の生命の状態(境涯)は、変化する。ある国家指導者の生命の状態が現在、地獄界や修羅《しゅら》界にあるとしても、それが仏界に到達することは可能なのである。

戦争の興奮から距離を置いて、プーチンのそしてロシア人の内在的論理をとらえることが本書の目的だ。太平洋戦争が始まると当時の軍部政府は「鬼畜米英《きちくべいえい》」のスローガンの下で、国民の敵愾心《てきがいしん》を煽《あお》った。マスメディアも知識人の大多数もアメリカやイギリスの実像について研究することを怠《おこた》った。対して、アメリカ政府は文化人類学者を集め、日本研究に力を入れた。その成果が戦後、ルース・ベネディクトの『菊と刀』という作品になった。この本は現在も日本人論の基本書として読み継がれている。ロシアについて論じるときに私は常に『菊と刀』で展開されている理解しがたい他者の内在的論理をつかみ、表現する努力を行ってきたつもりだ。

本書は、私が職業作家になった05年以降、さまざまな媒体に発表したプーチン論を再編集し、加除修正を加えたものだ。この機会に昔の原稿を読み直してみたが、基本線について変更することはなかった。

戦争の熱気に包まれて、われわれは無意識のうちに国家と自己を一体化しようとしてしまう。その結果、戦争に苦しむ民衆の姿が見えなくなってしまう。創価学会の「精神の正史」である小説『人間革命』にはこう記されている。

〈戦争《せんそう》ほど、残酷《ざんこく》なものはない。

戦争ほど、悲惨《ひさん》なものはない。

だが、その戦争はまだ、つづいていた。

愚《おろ》かな指導者《しどうしゃ》たちに、率《ひき》いられた国民《こくみん》もまた、まことに哀《あわ》れである〉（池田大作『人間革命』第1巻、聖教ワイド文庫版、2013年）

本書の刊行がウクライナにおける戦争を一刻も早く終わらせ、愚かな指導者たちに、率いられた人々を解放するための助けになることを願っている。

本書を上梓《じょうし》するにあたっては、潮出版社の南晋三社長、岩崎幸一郎編集局長、幅武志氏にたいへんにお世話になりました。どうもありがとうございます。

2022年5月3日、曙橋（東京都新宿区）の仕事場にて

佐藤　優

プーチンの野望

目　次

第2章 プーチン 独裁者への系譜

第4章 北方領土問題 131

第5章 クリミア併合

第6章 ウクライナ侵攻

終章 平和への道程

第1章

仮面のプーチン

■「死神がやってきた」――プーチンとの最初の出会い

モスクワの「赤の広場」から南に車で３～４分のところに、灰色の柵で囲われたレンガ色14階建ての大きなビルがある。出入り口には警官が自動小銃をもって立っている。ソ連時代、この建物には何の表示もなされていなかった。この建物はブレジネフ時代にノメンクラトゥーラ（特権階層）のために建てられたソ連共産党中央委員会専用の「オクチャブリ（10月）第二ホテル」だ。フィンランドの建設会社が建てたこのホテルは天井が高く、ホールが大理石貼りの準迎賓館だ。ソ連崩壊後は大統領総務局が管理する「プレジデントホテル」と改称された。

ソ連崩壊後、私は「プレジデントホテル」とコネをつけ、出入りを特別に認めてもらった。東京に戻ってからも出張のときはいつもこのホテルに泊まった。

１９９８年12月初め、私が夜の７時過ぎにロシアの国会議員とホテルのロビーで話していると、青色の緊急灯を照らしたＢＭＷが近づいてきた。ロシア人にしては小柄な１７０センチくらい、灰色の背広の上に灰色の外套《がいとう》を着た人物が降りてきた。目の下に茶色い隈《くま》ができている。一瞬、背筋に寒気が走った。ボディーガードが２名付き添っている。見たことのない人物だ。

「死神がやってきた」

その国会議員が呟《つぶや》いた。

「暗い顔つきだね。陰険な感じだな。いったい誰かい。大統領府の奴《やっ》か」

「この前まで大統領府にいた。タチアーナ・ジャチェンコ（エリツィン大統領の二女）に気に入られている。ウラジーミル・ウラジーミロビッチ・プーチンだよ。今はFSB（ロシア連邦保安庁＝国内秘密警察、KGB第二総局〈防諜《ぼうちょう》・反体制派担当〉の後継機関）長官だ」

FSBは、ロシア政治エリートや金融資本家の動向を監視している。そのFSBが大統領の寝首をかくことがないように、エリツィン大統領と家族がプーチンをFSB長官に据えたのだ。ロシアでは大統領の信任を得ている者を徹底的に調査すれば、政権中枢の強さと弱さが明らかになる。

対外諜報《ちょうほう》機関員には二つのタイプがある。第一のタイプは社交的で、派手で、誰も「こんなに目立つ奴がスパイ活動など行うはずがない」と思う。その裏をかくプロたちの人懐《ひとなつ》こい表情には、陰険な打算が隠されている。

第二のタイプは、存在感があまりない。一見気が弱そうな人たちだが、実際は意志力が強く陰険だ。もっともインテリジェンス（諜報）の世界で、お人好《ひとよ》しは生き残っていくことができない。だからインテリジェンス・オフィサー（諜報機関員）は、職業的におのずと陰険さが身につく。ただし、プーチンのように、陰険さが後光を発するほど強い例は珍しい。「プレジデントホテル」で死神の姿を見たときから、私のプーチン・ウォッチングが始まった。

■信仰者としてのプーチンの素顔

1999年8月、エリツィン大統領はプーチンを首相に任命した。私はモスクワでプーチンに関する情報を探ろうとしたが、核心に触れる情報がまったく集まらない。あるときモスクワのバチカン（カトリック教会の総本山）常設代表（枢機卿《すうききょう》）から聞いたひとことが契機になり、私の中でもやもやとしていたプーチン像の焦点が絞られてきた。

「プーチンは信仰心がしっかりしている。肌身離さずもっている十字架をエルサレムの（キリストが磔《はりつけ》になった）ゴルゴダの丘の教会にもっていって聖別（神父によって神聖なものとしてもらうこと）してもらった。ただし伝統的ロシア正教徒というよりも、プロテスタンティズムのにおいがする」

「プーチンはゴルゴダの教会にいつ頃行ったのですか」

「正確には思い出せないが、サンクトペテルブルク副市長時代だから95年頃だと思う」

いい情報が手に入った。プーチンの履歴をチェックしてみると、副市長時代のプーチンの担当は国際関係だ。当時、多くのユダヤ人がロシアからイスラエルに出国した。イスラエルの人口（99年）は、およそ６００万人（ユダヤ系５００万人、アラブ系１００万人）だったが、ユダヤ系の１００万人は、ソ連崩壊（91年12月）前後から過去15年間に移住した「新移民」だ。サンクトペテルブルクからはユダヤ人が多数出国した。国際関係担当副市長は移民問題で鍵を握る人物なので、イスラエルが働きかけていないはずがないと私は睨《にら》んだ。早速テルアビブに飛び、ソ連・ロシアからの移民受け入れに関する裏事情に通じた人物と会った。

まさにこの人物が94年からプーチンと家族ぐるみで付き合い、プーチンとイスラエル人脈をつないだキーパーソンだった。テルアビブでは、モスクワでは得られないプーチンに関する貴重な情報を得ることができた。

■鈴木宗男議員の涙に感化された人情家プーチン

２０００年４月４日、私は鈴木宗男《むねお》総理特使と共にクレムリン（ロシア大統領府）にいた。

大統領執務室隣の控え室で緊張しながら、プーチン大統領代行との会談を待った。同年3月26日にプーチンが大統領選挙で勝利した後、初めて会う外国政府関係者が鈴木氏だった。

直前の4月2日、小渕恵三《おぶちけいぞう》総理が倒れた。状態は深刻で再起不能とのことだった。4月29日にプーチンの出身地サンクトペテルブルクで非公式首脳会談の日程を取りつけることが、鈴木氏に対して小渕氏から与えられた特命だった。

モスクワの日本大使館は「小渕氏は再起不能の状態だ。首脳会談の日程を取りつけることは外交的に非礼なので、会談は短時間で切り上げればよい」と考えていた。

ところが会談の直前に、モスクワの鈴木氏に森喜朗《もりよしろう》・自民党幹事長から電話が入った。この時点で、森幹事長は次期総理大臣に内定していた。「森・プーチン会談の日程をぜひ、取りつけてほしい」との依頼だ。

大統領儀典長の案内で鈴木氏一行が執務室に入る。白い大きな楕円《だえん》形のテーブルの中央に鈴木氏は座った。1年半前の1998年11月12日、25年ぶりの公式首脳訪問でエリツィン大統領と会談した際に、小渕総理が座った席だった。出張先のイスラエルからモスクワに駆けつけた私は、左奥の最末席に腰掛けた。

会談が始まると、プーチンはずいぶん偉そうだなという印象をもった。ロシア新大統領のプーチンから見れば、自民党総務局長（現・選挙対策委員長）である鈴木氏は、総理大臣の名代とはいえ、ずいぶん格下に見えたのだろう。

鈴木氏は、次期総理は森喜朗氏になることを明らかにした。さらに森氏の父親が日露友好に献身した人物であり、イルクーツク郊外シェレホフ町の墓地に分骨されているという話を披露する。そして4月29日前後に、サンクトペテルブルクで非公式首脳会談を行うことを提案した。プーチンは「その日には別の日程を入れてしまったが、調整して会談する」と答えた。

会談が進むにつれ、はじめ能面のようだったプーチンの顔に表情が出てきた。プーチンが「この席に小渕さんが座っているように思う」と言うと、鈴木氏の目から涙が溢《あふ》れた。プーチンは鈴木氏の瞳をじっと見つめていた。私には以前、「プレジデントホテル」で見た死神と同じ人物には思えなかった。

諜報機関出身のプーチンは、神経質な人物だとよく言われる。だが私は逆に、プーチンは人情の機微がわかる人物だなという印象をもった。

■ロシア正教会トップと天皇陛下の会談

会談が終了し、日本側出席者が執務室を出る間際《まぎわ》に、プーチンは「鈴木先生（ゴスポジン・

スズキ）、ちょっと話がある」と呼び止めて立ち話をした。ここでの話は実は非常に重要だった。

「実は、できればのお願いなのだが、5月にロシア正教会の最高責任者アレクシー2世が訪日するのだが、その際に天皇陛下に拝謁できるように、鈴木先生のほうで働きかけてもらえないか。もし、迷惑にならなければということでのお願いだ」

「もし、迷惑にならなければ」という物言いは非常に丁寧だ。プーチンはアレクシー2世について、ロシアではローマ教皇のようにたいへんに重要な人だと説明した。そのうえで、来日時に天皇陛下とお会いいただくことの重要性を強調した。日本の国家のあり方、天皇陛下という方の重要性についてよくわかっている人だという印象をもった。

鈴木氏は「全力を尽くします」と約束した。鈴木氏は帰国後に外務省、総理官邸、宮内庁《くないちょう》に働きかけ、天皇陛下とアレクシー2世総主教の会見を実現した。

ロシア人は信頼する人にしかお願いしない。

「鈴木氏はプーチンに気に入られた」と私は思った。諜報はいつも顔に仮面をつけて行う仕事だ。死神というのは、プーチンの仮面の一つに過ぎない。

会談から1年10ヵ月くらい経《た》った後、このエピソードをゲンナジー・ブルブリス元国務長官（現・連邦院［上院］議員）に披露した。

ブルブリスは、ソ連末期から新生ロシアが誕生した時期にかけてエリツィンの側近を務めていた。ソ連崩壊のシナリオも、1992年1月に開始された価格自由化を核とするロシアの資本主義化（「ショック療法」と呼ばれた）も、このとき国務長官だったブルブリスの策定した戦略だ。

「面白い。プーチンははじめ、大統領の権力をエリツィンから譲ってもらったと思っていた。その次に国民に選ばれたと考えた。しかし次第に、自分のようなKGBの中堅官僚が突然国家のトップになるのは、神の意思ではないかと考えるようになった。これはトップになる政治家に共通の要素だ。エリツィンにも神に選ばれたという思いがあったよ。だから教会の最高指導者とか天皇に独特の思いを抱くようになるんだよ」

■2000年の日露首脳会談と日ソ共同宣言

2000年9月4日、赤坂の迎賓館で鈴木氏はプーチン大統領と再び会っている。通訳は私が務めた。この日午前の首脳会談で、プーチン大統領は森総理に「私は（1956年日ソ共同）宣言を認める立場だ。この宣言を否定した過去の経緯もあったが、私はそういう考え方はとらない。これまでのすべてを礎石として、これから議論していくことに異論はない」と言った。

１９５６年の日ソ共同宣言第９項後段で、ソ連は平和条約締結後の歯舞群島《はぼまいぐんとう》、色丹島《しこたんとう》の引き渡しを約束した。しかし、１９６０年の日米安全保障条約締結に際して「日本領土からの全外国軍隊の撤退」という新たな条件をつけてきた。

その後、ソ連首脳はブレジネフ書記長はもとより、ゴルバチョフ大統領も56年共同宣言の有効性を認めていない。ソ連体制と決別《けつべつ》したエリツィン大統領ですら、細川護熙《ほそかわもりひろ》総理が数回確認を求めたにもかかわらず、首脳会談においては56年共同宣言の有効性を明示的には認めなかった。56年宣言の有効性を認めると約束したのは、プーチンが初めてだ。

会談終了後、鈴木氏の携帯電話が鳴った。森総理からだ。

「56年共同宣言については、向こう側から言ってきた。ただし、まだ紙にするつもりはないみたいだ。鈴木さん、何とか今回紙にするように働きかけてもらえないだろうか」

「全力をあげてやってみます」

午後の会談が終わり、晩餐《ばんさん》会に移るまでの間に鈴木氏とプーチン大統領の単独会談が約30分行われた。

「プーチン大統領、56年共同宣言を歴代首脳で初めて認められたことを私たちは高く評価しています。ぜひ、それを文書にまとめていただきたいと思います」

プーチンは少し考えてから答えた。

「この問題については、二つのアプローチがあります。まず、第一のアプローチは今回とりあえず目に見える成果を出せばいいと言って、文書を作ります。きちんと詰めないで文書にするので、双方の世論が沸き立つと解釈の違いが出てきて露日関係が袋小路《ふくろこうじ》に陥る危険があります。第二のアプローチは、56年共同宣言からどのような解決策ができるのかを、両国の専門家が閉ざされた扉の中で十分協議して、具体的展望が出たところで文書を作るというやり方です。どちらのやり方にしますか」

「わかりました。当然第二のアプローチです」

鈴木氏はそう答えてから私に「向こうがここまで言うんだから、ここはこのへんで引いておいたほうがいいな」と小声で問いかけた。私も「そう思います」と答えた。このときのプーチンの顔も死神のようだった。

会談が終わり、会場から鈴木氏が出かけたところで、プーチンが私を呼び止めた。

「通訳をどうもありがとう。それから、鈴木先生にきちんと伝えておいてほしいのだけれど、スキーウェアをどうもありがとう。サイズもぴったりだった。妻も気に入っている」

私は少し大きな声で鈴木氏を呼び止め、プーチン大統領が述べた内容を伝えた。鈴木氏は「いや、すみません。気に入ってもらえるかどうか心配していました」と言って手を差し出すと、プーチンは「ありがとう（Спасибо、スパシーボ）」と言って握手した。このときのプーチンは、クレムリンで鈴木氏に見せたのと同じ表情をしていた。

「悪い候補者」「うんと悪い候補者」「とんでもない候補者」

私の政治感覚は、標準的な日本人と比較すると、少しずれているような気がする。選挙とは、われわれの代表者を政治の場に送り出すことだと頭ではわかっているのだが、どうも皮膚感覚がついていかない。

ロシアでは、われわれの日常生活とは次元の異なるところから、選挙の候補者が降ってくる。「悪い候補者」と「うんと悪い候補者」と「とんでもない候補者」だ。その中から「悪い候補者」に1票を投じ、「うんと悪い候補者」と「とんでもない候補者」を排除するのが選挙であるというのが、私の率直な認識だ。これはロシア人がもつ標準的な選挙観でもある。

私は1987年8月から95年3月まで、モスクワの日本大使館で外交官として勤務した

（正確に言うと、88年5月まではモスクワ国立大学で研修を受けた）。

その間に91年12月のソ連崩壊があった。まず、ゴルバチョフ・ソ連共産党書記長が進めたペレストロイカ（立て直し政策）に対する期待感と幻滅を目の当《ま》たりにした。中途半端《ちゅうとはんぱ》な経済自由化によって、指令型計画経済のネットワークが崩れ、石鹸《せっけん》や砂糖さえ満足に手に入らなくなった。

また、アゼルバイジャンとアルメニアの民族紛争、バルト3国（エストニア、ラトビア、リトアニア）のソ連からの分離独立運動の現場を見た。ナショナリズムの力が、創造性、破壊性の両面において、桁違いに大きいことを実感した。

ソ連崩壊後のロシアでは、もはや民衆が秘密警察を恐れることはなくなった。自由に政治活動、経済活動ができるユーフォリア（陶酔感）を、私も一時期ロシア人と共有した。しかしその陶酔感は、ソ連崩壊から1年も続かなかった。「ショック療法」と呼ばれる新自由主義的な経済改革が行われ、92年のインフレ率は2500％に達した。

ソ連時代の国有財産のぶんどり合戦が始まった。経済抗争がある閾値《いきち》を超えると、カラシニコフ自動小銃で処理されることを知った。私が親しくしていた銀行の会長とスポーツ観光国家委員会の次官が、カラシニコフで蜂の巣にされて生涯を終えた。

利権抗争ではないが、北方領土関係でクレムリンと議会に対してロビー活動を行っていたら「モスクワ川に浮くぞ」と警告されたことが複数回ある。秘密警察関係者からの政治がらみの警告だったこともあったが、北方四島周辺の密漁によって外貨を稼いでいるマフィア関係者と手を握った官僚からの警告だったこともある。後者のほうが恐《こわ》かった。

日本に戻ってきたのは95年4月だ。その後もロシア各地に頻繁《ひんぱん》に出張した。特に97年11月に西シベリアのクラスノヤルスクで橋本龍太郎総理とエリツィン大統領が会談し、北方領土交渉が動き始めてからは、3～4週間に1回はモスクワに出張した。

2001年4月に小泉純一郎政権が成立し、田中眞紀子《まきこ》氏が外相に就任するまで、そのような状態が続いた。それだから、当時のロシアの雰囲気は今でも私の脳裏に焼きついている。

■教科書で描かれるエリツィン政権の失敗

ロシアでは「混乱の90年代」という表現がなされることがある。エリツィン時代は、過度な民主化、自由化のために社会が混乱し、国民にとって不幸だったという意味だ。ロシアの義務教育9年生（日本の中学2年生に相当）で最も広く用いられている「プロスヴェシチェーニエ（啓蒙《けいもう》）」出版社の歴史教科書において、エリツィン時代は次のように総括されている。

〈1990年代には、ロシア連邦を再建し、その統一性を保持し、国の連邦体制の新たな原則を定着させることに成功した。中央と地方の関係は、より対等になった。この関係は、多民族国家の現代的な発展傾向を考慮したのであった。これが連邦建設の主な結果であった。対立をすべて抑え、問題をすべて解決することはできなかった。地方との関係で連邦中央政権の役割は弱体化した。その一方で、民族問題がますます大きな意義をもった。ロシア人の民族運動が活発化し、その指導者は、ロシア人の諸問題に政権の関心が払われないことに不満を示した。

ロシアの領土保全は、依然としてもっとも喫緊の課題のひとつであった。ロシアは、ソ連がたどった崩壊への道を繰り返しているように思われた。中央の経済的・政治的意義の低下は、地域間の結束を弱め、連邦権力の参加なしでもすべての問題が解決できるという印象を与えた。チェチェン共和国での失敗は、国の他地域の分離主義者を奮い立たせ、民族政策を変更する必要性が生じた〉（アレクサンドル・ダニロフ、リュドミラ・コスリナ、ミハイル・ブラント／寒河江光徳他訳『世界の教科書シリーズ32　ロシアの歴史【下】19世紀後半から現代まで　ロシア中学・高校歴史教科書』明石書店、2011年）

エリツィン時代に〈ロシアは、ソ連がたどった崩壊への道を繰り返しているように思われた〉という評価は辛辣《しんらつ》だ。要するにロシア政府は「あのままエリツィン路線が続いていたら、ロシア国家が崩壊していた」という認識を、義務教育で生徒に叩《たた》きこんでいるのだ。これは、プーチンによる「独裁」に限りなく近い権威主義的体制を正当化する伏線でもある。

■プーチン政権を正当化する学校教育

プーチン政権の誕生について、この教科書の記述を見てみよう。

〈ロシアの第2代大統領となったウラジーミル・ウラジーミロヴィチ・プーチンは、1952年10月7日に生まれた。レニングラード国立大学法学部を卒業したのち、1975〜1991年まで国家保安機関に勤務した。1991〜1996年までサンクトペテルブルク副市長を務め、その後、ロシア大統領府へ転属し、短期間のうちに大統領府副長官に上り詰めた。

1998年にプーチンは連邦保安局（FSB）長官に任命され、1999年の夏にはロシア連邦首相に就任した。

２０００年3月26日の大統領選挙で、Ｖ・Ｖ・プーチンは、第１回投票で勝利を獲得し、ロシアの第２代大統領に選出され、同年5月7日に大統領に就任した。（中略）Ｖ・Ｖ・プーチン大統領は、ロシアにおけるあらゆる進歩的改革を保障する強力な国家権力の推進者であることを鮮明にした。したがって、新大統領の最初の方針は、社会活動における国家の権威と役割を強固にし、しかるべき秩序をもたらすことに向けられた。

こうして、１９９０年代に行われた民主主義路線はこれまで通り継承された〉（前掲書）

プーチンが、ＫＧＢ（旧ソ連国家保安委員会）出身で、〈社会活動における国家の権威と役割を強固にし、しかるべき秩序〉をもたらしたことを強調している。

具体的には、中央集権の強化だ。プーチンは、ロシアを構成していた諸連邦を七つの管区に集約し、各管区に大統領全権代表を置いた。

〈（それまで各連邦で）採択された３５００以上の法令は、ロシア憲法や連邦法に合致していなかったため、そのうちの５分の４が改正された。

こうした措置は、地方における中央権力の役割を強化させ、連邦を強固にし、ロシア国

内に統一した法治社会を復活させることになった〉（前掲書）

それまで連邦会議（上院）は、各連邦の知事と議会議長から構成されていた。それが立法機関からの選出と、プーチンが指名した行政の長によって任命された地方の代表者によって構成されるようになった。さらには〈ロシアの多党制も改善されつつあった。政党法は、国民の大多数の支持を得ている組織のみを政党と認めた。結果として、国家活動における政党の意義が高まった〉（前掲書）。

地方の自治権を取り上げて、中央集権制を強化することをプーチンは「法の独裁」と名づけた。教科書では、プーチンが好んで用いた「法の独裁」という言葉を記録していない。スターリン時代に「プロレタリアート独裁」の名の下で、大規模な人権弾圧が行われたことを彷彿《ほうふつ》させるからだろう。

地方が採択した法令の8割が変更されるというのは、統治の「ゲームのルール」の大きな変化だ。知事選挙も廃止し、中央政府による任命制になった。さらに検察、警察、FSBなどの「力の省庁」を用いた統治メカニズムが導入された。

■帝国主義強化のためのシンボル操作

さらに、プーチンは国家統合を強化するためのシンボル操作を行った。

〈ロシアの国家シンボルの問題をめぐる無益な争いは、約10年にわたって続いていた。プーチン大統領は、様々な社会階層の立場を近づける妥協案を提示した。2000年12月に国家会議（下院）は、ロシアの国家シンボルに関する法律を採択した。白・青・赤の3色旗と双頭の鷲《わし》の紋章は、ロシア千年の歴史を想起させるものである。大祖国戦争におけるわが国民の勝利の赤旗は軍旗となった。ソ連国歌のメロディーにのせられたロシア国歌は、世代の統一と、わが国の過去と現在、未来の不可分な結びつきを象徴している。（中略）V・プーチン新大統領の活動は、社会の賛同を得た。大統領の最初の任期終了までに、ロシア国民の約80%がプーチン大統領を支持した〉（前掲書）

この教科書には課題がついている。たとえばこんな内容だ。

〈社会的・政治的安定の達成は、過去2年間のもっとも重要な成功のひとつと認識されています。なぜ現代ロシア社会がそれほど強く安定を求めているのか、クラスで議論しましょう。安定は何によってもたらされますか。何のために安定が必要なのか、改革の成功のためなのか、あるいは改革から徐々に脱却するためなのか、考えましょう。大統領と政府は、この問題に対してどのような立場をとっていますか。本文中やマスメディアの資料を用いましょう〉(前掲書)

ロシア人は、6~7歳の子どもでも本音と建て前の区別がつく。〈何のために安定が必要なのか、改革の成功のためなのか、あるいは改革から徐々に脱却するためなのか、考えましょう〉という設問に対して、「改革から徐々に脱却するためです」という間抜けた答えをする生徒は一人もいない。

そもそも義務教育段階では、「教育とは暗記なり」というのがロシア人の常識だ。教師が提示する模範解答を丸暗記する。

「真の改革のためには、秩序と安定が必要だ。プーチン大統領と政府は、ロシアの国家体制(государственность、ゴスダルストベンノスチ)を強化するために全力を尽くしている。この路線を国民も支持している」

これが模範解答だ。現実問題として、ロシア人はプーチン政権の現状を（消極的にではあるが）支持している。前述のように、ロシア人にとってそもそも政治とは悪だ。政治における最大の悪とは何か。スターリンのように政治・経済・文化だけでなく、人間の魂までも支配しようとする独裁者が現れることだ。

他方、政治指導者が弱く、国内が混乱することも、ロシア人の考える巨悪だ。そう考えると、ゴルバチョフのペレストロイカやエリツィンの改革も巨悪なのである。

■許容できる範囲の独裁　許容できない独裁

2000年にプーチンが大統領に就任して以降も、ロシアにはそこそこの言論・表現の自由があった。プーチンが設定した「ゲームのルール」——すなわち「経済人は政治に嘴《くちばし》を差し挟まず、金儲《かねもう》けに専心し、税金をきちんと納める」という原則さえ守れば、経済活動も自由にできた。

「そもそも良い人は政治家にならない。プーチンは悪い政治家である。しかし、うんと悪い政治家、とんでもない政治家ではない。まあ、この程度の独裁者ならば許容できるだろう」

これがロシア大衆の平均的感覚なのだ。

普通のロシア人とプーチンについて議論すると、

「昔のような熱い支持はないよ。もう飽きた。しかし、プーチンの代わりに大統領を務めることができる人もいない。メドヴェージェフの小僧が大統領をやったが、力量不足だ。あいつは、ツイッターで軽々に発信する。それに英語でちゃらちゃら話をするあたりが軽い。プーチンのような恐さがなければ、ロシアで大統領は務まらない」

という返事が返ってくる。プーチンをぼろくそに非難するのは、親欧米的な世界観をもった一部の知識人とジャーナリストしかいなかった。

■独裁者プーチンとジャーナリストの対話

プーチンを非難してきた著名なジャーナリストの一人に、マーシャ・ゲッセンがいる。彼女はユダヤ系の出身だ。１９６７年にモスクワで生まれ、81年にアメリカに移住した。ソ連崩壊直後の91年末にロシアに戻り、アメリカとロシアの二重国籍をもつジャーナリストとして活躍してきた。プーチン政権に対する批判を強め、２０１３年5月に拠点をアメリカに移してジャーナリスト活動を続けている。

12年9月、ゲッセンはクレムリンでプーチンと面会した。会談の記録を読むと、独裁者としてのプーチンの実態が浮き彫りになる。

当時、ゲッセンは『世界を巡る』という科学雑誌の編集部に勤務していた。ペスコフ大統領報道官から「西シベリアの鶴を野生に戻すときに、プーチンがハンググライダーで一緒に飛行する。それを取材してほしい」という要請があった。プーチンのイメージアップを狙った「やらせ記事」なので、ゲッセンは断った。するとプーチンから直接アプローチがあった。

〈翌日（九月二日）の早朝、私は面談取材の仕事でプラハに飛んだ。私はタクシーの中で疲れて、車酔いした。私の電話が鳴ったとき、どこにいるのかわからなくなった。男性の声が電話を切らないように求めた。二分間、私は沈黙を聞かされ、いらついた。「電話を切らないで。私がつなぐから」と先ほどの声とは違う男性の声が耳に入った。私は爆発した。「私は誰かに電話をつなぐように頼んだ覚えはないわ！　どうして私が待たねばいけないの？　私に電話したいと言っている人は誰なの？　あなたは自己紹介したいの？」。「プーチンだ。ウラジミール・ウラジーミロヴィッチだ」と電話の向こう側から大統領の声がした。「君がクビになったというのを聞いたよ」と彼は続けた。私はこれが悪ふざけであるかもしれないという実感を、彼が何やら言っている間に、大急ぎで彼に何らかのメッセージを組み立てて話そうとした。「はからずも君がクビになったことについて私はあずかり知らなかった。ところで、私の自然保護活動の取り組みは、政治と分離しがたいものであることを知っておくべきだ。私の立場になれば、自然保護と政治を分離することは困難なのだ」。

この独特の言い回しは、大統領職で威圧しながら、同情を求めるプーチンのお家芸として長らく結びつけられてきたものであった。

「もし異論がなければ、私は我々が会ってこの問題について話し合うことを提案する」と言った。

「異論はありません。しかし、これが悪ふざけでないと私はどうしたらわかるのでしょうか？」

プーチンは打ち合わせを手配する電話を私が受けることを約束させ、そうすれば自分が打ち合わせに現れると約束した〉（マーシャ・ゲッセン／松宮克昌訳『そいつを黙らせろ――プーチンの極秘指令』柏書房、２０１３年）

ゲッセンがプーチンと面談したときの描写が興味深い。プーチンが、非公式の打ち合わせのときにどのような立ち居振る舞いをするかということについての証言は意外と少ない。その意味で、この記述は貴重な資料的価値がある。

〈我々が中に入ったときプーチンは、デスクに座っていた。入り口で面会するものと思ったかもしれない訪問客に、そうではなく自分のデスクに近づくよう強いる典型的なロシアの権力者の官僚的な仕草を示すものだった。この執務室は一九九〇年代のクレムリンの時代からあまり変わらない、一九六〇年代の光沢のある木製の家具、大きなデスクに会議テーブルといったソビエト時代のクレムリンにこぎれいに手を加えた感じだった。デスクとテーブルの両方に、ソビエト時代のボタンのないプラスチック電話が置かれていた。完全にクレムリンの定型どおりに、プーチンが我々に挨拶をするために立ち上がる前、我々は部屋の中央に行って待機した。彼は握手をし、会議テーブルに我々を案内した。彼がテーブル先端の中央席に着いてから、ヴァシリエフと私は彼の両脇に座った。ヴァシリエフは顔を赤くして汗ばんでいた。プーチンはちょっと眺めただけではわかりにくいが、かなりの整形手術を施したせいか不相応に大きく見えた。

「会議を始める前に、この会話が意味あるものかどうかを確かめたい。君は自分の仕事が好きかね？　もしくは君はたぶん他の計画を持っていて、迫害されたジャーナリストの立場が君のキャリアに役立つことになるのかね？」と彼は言った。

　彼は明らかに簡潔な情報さえ事前に与えられていなかった。彼は私が何者であるのかわかっていなかった。彼は本について知らなかったか、デモ運動における私の役割、ロシアの出版界で私が書いてきた彼や彼の行政に関する多くの記事について知らなかった。また彼はこの会議について事前に何らかの情報を求めなかったように思える。さらなる証《あか》しは、独裁者ならではの孤立感や自分中心に世界が回っているような自己中心性が目につくようになっていた〉（前掲書）

プーチンは、ゲッセンが彼を独裁者だと激しく非難し、不正蓄財やジャーナリスト暗殺疑惑について書いていることを知らなかったのだ。

ちなみにエリツィンは、新聞を読まず、テレビを観《み》なかった。自分を非難する不愉快な情報を知りたくなかったからだ。ニュースについては、報道担当の大統領補佐官がA４判３～４枚にまとめたサマリー（要約）を毎朝渡していた。私がこの補佐官から直接聞いた話だが、

「大統領は良いニュースだけを知りたがる。悪い話については、それへの対策を記しておかないと機嫌が悪くなるので、この作業には神経を使う」ということだった。プーチンもエリツィンと同じような状態になっていたのだろう。

■自ら「やらせ」に言及したプーチン

プーチンは、環境保護に強い関心をもっている。ゲッセンの著書から引用を続ける。

〈「結構だ。それでは我々は話し合える。私は子猫や子犬、小さな動物が好きだ」と彼は微笑んだ。彼は絶滅危惧種のための彼の公共的努力が重大な問題に対する注意を惹くことに役立ったと感じ、「だから、私はシベリア鶴のプロジェクトを考え出したのだ」と言った。

これは私にとってニュースだった。シベリア鶴の個体数を回復するプロジェクトは、一九七〇年代後期に遡る。私は彼にこの考えの提唱者が自分であると主張することによって、彼が何を狙っていたのかを明らかにするよう彼に求めた。プーチンは数年前にこの計画について聞き、この計画に運転資金がないことを知り、この計画に再び支援資金をつけるのが彼の考えだった〉（前掲書）

このあと、ゲッセンはプーチンに強烈な質問を浴びせる。それまでプーチンが自然保護プロジェクトにおいてやらせを行ってきたことを、直接ぶつけたのだ。

〈「(略) 大統領がシベリア虎に衛星送信機の首輪をつけたとき、その虎がハバロフスク動物園から実際に借りてきたものだったことを、おそらく大統領はお気づきのことと思います。大統領が北極グマに送信機をつけたときも、そのクマは事前に捕獲され、大統領が到着されるまで鎮静剤を打たれた状態にされていたのです」と私は言った。

プーチンは「言うまでもなく、やり過ぎの事実があったな」とむしろ陽気な調子で、私の指摘をさえぎり、「私はその仕事をさせるために人を連れて行ったのだ。とはいえ、私にはこの問題に注意を惹かせることがはるかに重要だったのだ！　確かに、雪ヒョウが鎮静剤を打たれていたな」と彼は言った (私は雪ヒョウについては言及しなかったのだが)。「しかし大事なことは、雪ヒョウ・プロジェクト全体を考え出したのは私だったということだ。虎もだ。私がそれを考え出したあとに、虎が生息する二十ヵ国がこの問題に取り組み始めた。言うまでもなく、行き過ぎもあったことは確かだな」と彼は繰り返した〉(前掲書)

このように、プーチンのほうから自分に不利な事実を語る。これは独裁者の心性を考える上で非常に興味深い。プーチンはさらに言葉を重ねる。

〈「あのときのように、私が古代ローマの両手付きブドウ酒の壺を潜水して持ってきたようにね」。

私はプーチンが、古代ローマの両手付きのブドウ酒の壺を二つ抱えて黒海の海底から現れ、カメラに向かってポーズを取った一年前のあのことのあとに、すぐに判明してしまったような、彼が海底で見つけるように用意されていた両手付きのブドウ酒の壺を発見するやらせの類似例を引き合いに出すことなど信じられなかった。

「誰もが両手付きのブドウ酒の壺が用意されていたことを書き始めた。もちろん、それらはこっそりと持ち込まれていたものだよ！　私が海に潜ったのは自分の力を大きく見せつけるためでなかった。そのようなことは、海の中の一部の生物がライバルを威嚇するために自分を大きく見せることと同じさ。あの場所の歴史に注意を惹かせようとして潜ったのだ。あれから誰も彼も、私が脳なしのクソ野郎のように両手付きブドウ酒の壺を持って海

中から現れたと書き始めた。ところが一部の人は、実際に歴史の本を読み始めたのだ」（傍点、著者）

彼が使用した「ムーダク」（著者註＊正しくは「ムダーク」）という言葉は、ロシア人が完全に不適任と見なした人間をけなすときに表現する言葉の一つである。相手を威圧するために自分を大きく見せるようなプーチン流の口の悪い野卑な話し方は、かつて自分がKGB要員のリクルーターのつもりでいた人間としてはひどい失言だった。彼の話し方は、私そして会見にとって穏当なものではなかった〉（前掲書）

ここでゲッセンが衝撃を受けた「мудак、ムダーク」という言葉は、「ケツの穴野郎」「クソ野郎」とかいう罵倒語だ。高等教育を受けた人間が、公の場でこういう言葉を使うことはない。ゲッセンが伝えるプーチンの雰囲気は、限りなくマフィアの親分に近い。

第2章

プーチン
独裁者への系譜

■ただの中堅官僚だった30年前のプーチン

プーチンが強力なリーダーシップをもつ指導者であることは、もはや誰にも異論はないだろう。ただし、プーチンはもともとＫＧＢ（旧ソ連国家保安委員会）の中堅官僚に過ぎなかった。サンクトペテルブルクの第一副市長だったプーチンが、日本国外務省の招待で１９９５年に東京、京都、大阪を訪れたことがある。このときアテンド（随行）した外務省の担当官に尋ねると、「プーチンに関して強い印象はない。ごく普通の、ロシアの地方行政官という印象だった」という返事だった。

プーチンがＫＧＢ第一総局（対外諜報《ちょうほう》担当、ＳＶＲ＝ロシア対外諜報庁の前身）出身であることも、恐《こわ》いイメージづくりに一役買っている。

プーチンが勤務したのは、東ドイツのドレスデンだ。ここは難しいインテリジェンス（諜報）工作を行う場所ではない。東ドイツの政治情勢や、ドレスデンにおける西ドイツの諜報活動を協力者から探る。この業界では地味な業務に就いていた。

プーチンはドレスデンで90年まで勤務し、帰国後は母校のレニングラード国立大学（現・サンクトペテルブルク国立大学）で学長補佐になった。この時点で、プーチンはＫＧＢに籍を置いたままだった。プーチンがいつKGBを辞めたかは、正確な情報がない。KGBさらにその後継組織であるSVR（ロシア対外諜報庁）、FSB（ロシア連邦保安庁＝国内秘密警察、KGB第二総局〈防諜《ぼうちょう》・反体制派担当〉の後継機関）には特別予備役（спец-резерв、スペッ・リゼルブ）という制度がある。KGBを辞めても特別予備役として登録し、新たな勤務先で国家にとって有益な情報があれば出身機関に報告するという制度だ。特別予備役であることは秘《ひ》匿《とく》される。いずれにせよ、退職後もプーチンが親元であるSVRと良好な関係を維持していたことは間違いない。大学でプーチンがどのような職務に従事していたかは明らかにされていないが、学生のリクルートを担当していたと私は見ている。

ロシアのインテリジェンス機関は、自ら志願してくる者を採用しない。SVRやモサド（イスラエル諜報特務庁）の幹部が異口同音に「スパイにあこがれてインテリジェンス機関の扉を叩《たた》く者を相手にしても、時間の無駄だ。こういうやつらが入ってきても、ただでさえ複雑な問題をいっそう複雑にするだけだ」と言っていた。

もっとも、CIA（アメリカ中央情報局）だけは公募が基本だ。「地方紙に載っていた『冒険に関心がある者を求む』という広告を見てCIAに応募し、合格した」と自慢げに語る若いCIA機関員は珍しくない。組織文化ががっつきすぎている。だから、他人の心をつかみ、協力者に仕立て上げるヒュミント（human intelligence＝人によるインテリジェンス活動）の分野において、ＣＩＡは大きな成果を上げられない。

■ インテリジェンス・オフィサーの掟

最近はインテリジェンスの世界でもコンプライアンス（法令遵守《じゅんしゅ》）がうるさくなっているので、ＳＩＳ（イギリス秘密情報部、いわゆるＭＩ６）やモサドは、公募制を建て前にしている。ただしインテリジェンス機関では、コンプライアンスが堅く守られているわけではない。

イスラエル外務省には同性愛者がいる。外国に赴任するときには、同性のパートナーを連れていくことが認められている。主要国の外務省も同じ基準だ。しかしインテリジェンス機関の場合、同性愛者を採用することはまずない。仮に同性愛者であることが発覚すると、工作や調査分析部門から外され、退職を勧告される。

過去に同性愛を利用した工作によって、深刻なスパイ事件や情報漏洩《ろうえい》が発生した。だからインテリジェンス機関は、同性愛者の採用に強い忌避《きひ》反応を示す。

モサドやＳＩＳは、公募でも何人か職員を採用する。しかし、組織の主力となることが期待される職員は、縁故で採用している。このとき、新規職員を採用する最大の草刈り場が大学だ（その次は軍隊だ）。

ロシアの大学には、ＳＶＲ、ＦＳＢと緊密な関係をもつ教師や職員がいる。インテリジェンス機関の正規の職員である場合も、「特別予備役」の場合もある。

特別予備役は、もともとインテリジェンス・オフィサー（諜報機関員）だったが、さまざまな事情によって転職した人を指す（不良退職者を除く）。この人たちは日常的には活動しないが、ＳＶＲやＦＳＢの指揮命令系統に従って、専門家の目から重要と思われる情報を自発的に組織に報告する。誰が「特別予備役」であるかは厳重に秘匿《ひとく》される。

「元諜報機関員という言葉は存在しない」というのがプーチンの口癖だ。ひとたびＫＧＢ、あるいはＳＶＲやＦＳＢに勤務したら、インテリジェンス分野でロシア国家のために生涯貢献するべきだ――これが「特別予備役」に課せられた掟だ。

ちなみにロシア人は、自分の甲羅に合わせて相手を見る。私は東京地方検察庁特別捜査部に逮捕され、有罪が確定し、外務公務員（外交官）としての身分を失った経緯がある。だから今は外務省とはまったく関係ない。民間人の作家として発信しているにもかかわらず、ロシアの大統領府、首相府の関係者はそう受け止めない。「佐藤は日本版の特別予備役のようなものだ。日本政府、特に首相官邸の意向を受けて発信をしているに違いない」と勘違いしている。

「日本は、ロシアとは国家制度や政治文化が異なる。そもそも独立した対外インテリジェンス機関も存在しない」と説明するのだが、ロシア人は「いや佐藤さん、表面上の機構が問題ではなく、実質的な機能が重要です」と言って、私の説明を額面通りに受け取らない。実に迷惑な話だ。

もっとも、ロシア側の誤解によって、私のところにモスクワからときどき機微に触れる情報が入ってくる。これはロシア情勢を分析し、評価するうえでとても役に立つ。

■他人の心理を正確に読み取る技法

ＫＧＢでリクルートを担当する職員は、人間観察眼が優れている。プーチンが後に指導者になれたのは、他人の心理を正確に読み取る技法を若い頃に鍛えたからだ。

前述のように、プーチンは１９９０年に改革派系の政治家として活躍していたサンクトペテルブルク国立大学のサプチャーク学長の補佐に就任した。その後、サプチャークがサンクトペテルブルク市長に当選したため、プーチンは第一副市長に転出する（この点については後ほど詳しく説明する）。当然、公表された履歴にはないが、明らかにこの時期もプーチンは「特別予備役」を務めていたと私は見ている。

サンクトペテルブルク第一副市長として、プーチンは国際交流を担当した。ここでプーチンは、ソ連からのユダヤ人の出国問題を担当した。プーチンの署名がなければ、現地のユダヤ人は出国できなかった。

この業務に従事するうちに、プーチンとイスラエルの間に特別な関係が生まれる。

■チェチェンで根づく「血の復讐の掟」

プーチンは、サンクトペテルブルク副市長時代にできたイスラエル政府関係者との人脈を大切にしている。それが後にチェチェン問題に対処する際、プーチンにとって重要な意義をもつようになる。

この点について理解するために、チェチェンと中東の歴史的経緯について少し説明したい。

ロシア帝国がチェチェンを含む北コーカサス地域を征服したのは、19世紀半ばのことだ。このとき、ロシアの支配を潔《いさぎよ》しとしないチェチェン人が、オスマン帝国に亡命した。その末裔《まつえい》が、現在も200万人以上トルコやアラブ諸国に住んでいる。

チェチェン人には「血の復讐《ふくしゅう》の掟」がある。チェチェン人の男子は、7代前までの男系の祖先の名と、生年、没年、出生地、死亡地を記憶させられる。祖先が誰かによって殺害された場合、殺害者の7代後までの男系子孫に対してあだ討ちをする義務が課される。これが「血の復讐の掟」だ。掟は現在も守られている。

一見乱暴な掟のように見えるが、実は厳しい復讐が義務づけられていることが、殺人の抑止要因になった。事実、94年に第1次チェチェン戦争が開始されるまで、チェチェンでの殺人事件はきわめて少なかった。チェチェンで戦闘行為に従事したロシア兵が顔を隠していたのは、掟によってあだ討ちされることを恐れたからだ。

1920年代初頭にチェチェンにソビエト政権が成立すると、ロシアのチェチェン人と中東のチェチェン人の交流は途絶えた。86年にゴルバチョフがソ連共産党書記長に就任した後、外国との交流制限が緩和された。ロシアと中東のチェチェン人は70年以上交流が遮断されていたが、「掟」は機能している。70年前ならば3〜4世代前に過ぎない。ロシアと中東のチェチェン人は、「われわれは共通の祖先をもつ」という記憶を共有するようになった。

両者が別離している間に、イスラーム教の宗派が異なってしまった。チェチェン本国のイスラーム教はスンナ派シャフィーイー法学派だ。この人たちは祖先崇拝を認め、土着の文化と伝統を尊重する。

これに対して、中東のチェチェン人が信奉するのは同じスンナ派ではあるが、ハンバリー法学派の解釈によるイスラーム教だ。ハンバリー法学派は原理主義であり、祖先崇拝や墓地、地域の伝統を無視する。アッラー（神）が唯一であり、地上においては単一のイスラーム帝国（カリフ帝国）を建設すべきであると主張する。

国境を超えたテロリストのネットワークであるアルカイダも、宗派的にはハンバリー法学派に属する。ロシアと中東のチェチェン人が交流を再開した結果、チェチェンではアルカイダとつながる過激なイスラーム原理主義の影響力が強まった。

チェチェンの分離独立運動に、イスラーム原理主義過激派が加わった。原理主義過激派は、北コーカサス地域にイスラーム革命を輸出する拠点国家を建設しようとした99年春から夏にかけて、ロシアは北コーカサス地域を実効支配できなくなっていた。

巧みな人脈活用術

そこでエリツィン大統領は、ＦＳＢ長官だったプーチンを１９９９年８月に首相に任命する。プーチンに与えられた最大の課題は、北コーカサス情勢を安定化させることだった。

このときプーチンは、イスラエルとの関係を飛躍的に強化した。イスラエルにとって、アルカイダをはじめとする国境を超えるテロ組織は大きな脅威だった。当時は９・11同時多発テロ事件発生前だったので、国際テロリズムに対する世界の危機意識は希薄だった。

欧米諸国は「国際テロリズムという概念はロシアの捏造《ねつぞう》だ」と言って、チェチェンにおけるロシア政府の人権弾圧を非難した。イスラエルは欧米諸国とは一線を画し、チェチェンにおけるロシアの対テロ作戦を支持していた。イスラエルの支持は外交面のみではない。イスラエルはインテリジェンス機関を通じて、中東のテロ組織やロシアに潜入したテロリストに関する秘密情報を提供していった。それもかなり踏みこんだ内容だ。

当時、日本政府もほかの欧米諸国とは一線を画して「チェチェン問題はロシアの国内問題だ」という姿勢を堅持し、人権干渉を行わなかった。その理由は二つある。

第一に、人権干渉してロシアを刺激すると、北方領土交渉に悪影響を与えるという懸念《けねん》からだ。

第二に、当時の外務省は、イスラエルとインテリジェンス面での協力を進めていた。チェチェンをめぐり国際テロ組織が暗躍していることについて、外務省は正確な情報をもっていた。

外務省内部では「欧米の人権干渉に同調すべきである」というアメリカスクール（英語を研修し、日米安全保障条約に関連した業務に従事することの多い外交官のグループ）と、ロシアスクール（ロシア語を研修し、対ロシア外交に従事することの多い外交官）や情報部局の「チェチェン問題はロシアの国内問題とすべき」という立場とが対立した。

ロシア情勢に通暁《つうぎょう》した鈴木宗男《むねお》・自民党総務局長（当時）は、ロシアスクールの方針を支持した。だから日本はチェチェン問題に対して、欧米とは異なる立場を取った。プーチンが日本に対して好意的である原点は、チェチェン問題をめぐる日本の独自判断にあった。もっとも、この独自判断を面白く思わなかった外務省内の一部勢力が、その後、鈴木氏の失脚と対露強硬策への転換に向けて動いた。

プーチンは、チェチェン問題を武力一辺倒で解決したわけではない。北コーカサス土着の伝統的イスラーム教と、中東からの外来の原理主義過激派を区別して、前者とは取引をし、後者に対しては武力を用いて徹底的に排除するという方針を貫いた。モスクワの中央政府と武力対立を起こしたチェチェン土着の勢力は、モスクワと和解し、現在チェチェンを支配している。

プーチンがイスラエルとインテリジェンス協力を行ったことが、チェチェン紛争を封じ込めるうえで決定的な重要性をもった。サンクトペテルブルク副市長時代の「偶然の出会い」を大切にして、その人脈をキャリア上昇のために最大限に活用したのだ。

若いときにできた人脈が、将来思わぬところで役に立つ場合がある。プーチンの人脈活用術には、指導者になるためのヒントがあるのだ。

■中堅官僚がトップまで成り上がれた理由

プーチンが38歳でKGB第一総局を退職したときの役職は、中佐だった。この年齢で中佐ということは、KGBにおけるプーチンの出世が遅いほうだという事実を意味する。

ロシア（旧ソ連を含む）では、警察、SVR、FSBなども軍隊と同じ階級組織になっている。モスクワの路上で交通整理をしている警察官には、大佐がいる（交通警官は、違反や事故のもみ消しによって給与以上の賄賂を得ることができる。だから大佐級の幹部が路上勤務を希望するという要因もある）。

KGB退職時のプーチンの階級は、交通整理を行っている同年代の警官よりも低かった。にもかかわらず、中堅官僚に過ぎなかったプーチンは10年強で出世街道を駆けのぼり、ロシアのトップになった。端的に言うと、プーチンは小さな出世や利権にはとらわれなかった。そのことが、大統領という大きな出世をつかむきっかけになったのだ。

KGBの実務から退いた後、プーチンは母校サンクトペテルブルク国立大学の学長補佐になった。そこで、大学の先輩であるサプチャーク・ソ連人民代議員（国会議員）と親しくなる。サプチャークは民主改革派系の「地域間代議員グループ」の幹部として、ソ連の民主化運動を強力に推進した。

「地域間代議員グループ」には、エリツィンも加わっていた。ただし、エリツィンとサプチャークは波長が合わず、この二人の間で民主改革派内での主導権争いが激しく展開された。

1991年6月、サプチャークはレニングラード市長に選出された。そこでプーチンを国際関係担当の第一副市長に任命した。91年8月、ソ連共産党守旧派によるクーデターが起きる。サプチャークはクーデターに反対し、レニングラードの軍当局にクーデター派を支持しないよう働きかけた。その結果、軍は中立的な態度を取った。

クーデターが失敗した翌月の91年9月、サプチャークはレニングラードを帝政時代のサンクトペテルブルクに改名する。プーチンは、サプチャークのもとで戦略家として活躍した。そのため「灰色の枢機卿《すうききょう》」（「黒幕」という意味）と呼ばれるようになった。

副市長時代、プーチンは市議会で不正経理疑惑を追及されて失脚しかけたが、サプチャークによって守られた。プーチンはこのときの恩義を決して忘れなかった。

ソ連崩壊後、新生ロシアの大統領となったエリツィンは、サプチャークが求心力をつけていることに警戒感を強めた。96年の市長選挙でサプチャークは、部下で第一副市長を務めていたヤコブレフに敗れた。プーチンは、ヤコブレフ新市長から副市長職を提示されたが拒否した。

サプチャークに対して、検察庁が国有財産横領で摘発する動きを示した。逮捕を恐れたサプチャークは、フランスに逃れる（サプチャークが帰国するのは、99年にプーチンが首相になった後のことだ。2000年2月20日、彼は出張先のカリーニングラードで急死した）。

プーチンはモスクワに引っ越し、大統領総務局次長を務めた。大統領総務局は、大統領府とは別に大統領に直結する機関だ。大統領府に所属するホテルや不動産の運営、職員の住宅や別荘の割り振りなどの地味な作業を行う。同時に、そこそこの規模の利権ももっている。

ここでプーチンは、ロシアの海外資産の管理を担当した。当時は旧ソ連の国有財産が民営化される過程だったので、ほとんどの大統領総務局幹部が不正蓄財に手を染めていた。「プーチンは腐敗や汚職に関与しない潔癖《けっぺき》な人物だ」という評判が立った。

この評判をエリツィンが耳にし、プーチンに関心をもつようになった。そして97年3月、大統領府や大統領総務局の腐敗汚職を監視する大統領府副長官兼監督総局長に任命された。ここからエリツィン大統領のみならず、エリツィンの家族との個人的関係が深まったのだ。

■絶対に人を裏切らないプーチンの生真面目さ

エリツィンは、プーチンの生真面目さを評価した。「この男ならば俺を裏切ることはない」

という印象をエリツィンはもった。１９９８年５月、プーチンは大統領府第一副長官に昇進する。このポストは、政府ならば第一副首相級に当たる。その先のポストは、首相か大統領府長官しかない。

当時、エリツィンは後継者を探していた。ロシア憲法では、大統領に次ぐポストは首相だ。キリエンコ（98年3～8月在任）、チェルノムィルジン（98年8～9月在任）、プリマコフ（98年9月～99年5月在任）、ステパーシン（99年5～8月在任）が首相に任命されたが、いずれも後継大統領には不適任とエリツィンが考え、次々と解任された。

99年初頭、エリツィンの家族と側近グループの事情に詳しいゲンナジー・ブルブリス元国務長官（現・連邦院［上院］議員）、ショーヒン国家院（下院）第一副議長は私に「エリツィンは大統領職を去ったあと、己と家族に絶対に危害を加えないと信頼できる後継者を探している。その有力候補の一人がプーチンだ」と述べた。もっとも、このとき私はプーチンは十数人いる次期大統領候補の一人に過ぎないと思っていた。

98年7月、プーチンはＦＳＢ長官に任命された。プーチンは、泥沼化していたチェチェン情勢を土着の民族指導者と外来のイスラーム原理主義過激派に分断し、後者に対して徹底的に武力弾圧を加えることによって封じ込めに成功した。その功績により、プーチンは99年8

月に首相に任命された。明らかに後継大統領含みの人事だ。

エリツィン家の内情に通じた４人から、プーチンを後継者に決めた理由について以下の話を聞いた。

「エリツィンは、プーチンに何度か『サプチャークと決別せよ。そうすれば後継大統領に指名する』ともちかけた。それをプーチンは『恩義のある人と決別することはできません。後継大統領に指名されなくても構いません』と断った。それゆえにエリツィンも、その家族と側近の寡占資本家（олигарх、オリガルヒ）も、『失脚し何の力もないサプチャークへの恩義をここまで強く感じているプーチンならば、われわれを裏切ることはない』と考えたのだ」

■ボスの信頼を確実に得る方法

プーチンは信頼関係を大切にする。ただし、それは真の信頼関係が成立しているときだけだ。プーチンとサプチャークとの間には、本物の信頼関係が構築されていた。

「サプチャークと決別するならば、後継大統領に指名する」と水を向けられても、プーチンはそれを拒否した。もしプーチンが「はい。わかりました。サプチャークと決別します」と答えたらどうなっただろう。おそらくエリツィンはプーチンを警戒しただろうし、プーチンが後継大統領に指名されることはなかったと思う。

ロシアでは帝政時代、ソ連時代を含め、最高権力者（皇帝、共産党書記長、大統領）に権力が極度に集中する。そのため、大統領がもつ世界観や個性が国家政策に反映されやすい。ブレジネフ書記長時代のソ連は安定していたが、社会は停滞し、外国への扉は閉ざされていた。そこには調整型の政治家であり、派手なパフォーマンスを嫌うブレジネフの個性が反映されている。

なぜペレストロイカ（立て直し政策）が成功したのだろう。ゴルバチョフ書記長は、人類に共通の普遍的価値観を信じていた。さらに「力による押しつけはいけない。対話による説得によって初めて、他者に影響を与えることができる」という性善説を信じていた。ゴルバチョフ書記長の個性を抜きにしては、ペレストロイカはありえなかった。もっともゴルバチョフのこのような性格を甘く見た共産党守旧派が、クーデターを起こして失敗した結果、ソ連は崩壊した。

■エリツィン大統領からプーチンへの権力移譲

エリツィンが「欧米先進国と共通の自由、民主主義、市場経済という価値観に基づいた国家へと、ロシアを再編しよう」という意思をもっていたことは間違いない。同時にエリツィンは、政党間、民族間、利権集団間の抗争と対立を超越した「国父」（отец нации、アテッツ・ナッィー）になりたいという欲求をもっていた。

ロシアに政党政治を根づかせるならば、エリツィンは与党の党首にならなくてはならない。しかしエリツィンはその道を拒み、全国民から直接選挙された、政党を超える「国父」としてロシアを統治しようと考えた。その結果、大統領には憲法や法令で定められた権力をはるかに超える経済的利権が集まった。

そこから「家族（Семья、セミヤー）」と呼ばれる利権集団が生まれた。「家族」は、エリツィンの二女であるタチアーナ・ジャチエンコ（大統領補佐官）、大統領のスピーチライターを務めた元ジャーナリスト・ユマシェフ（後に離婚したタチアーナと結婚し、文字通り家族になる）、ベレゾフスキー、アブラモビッチなどの寡占資本家によって構成された利権集団だ。さらにここに、グシンスキー、ホドルコフスキー、スモレンスキーなどの寡占資本家が結びついて、闇の権力を作り出した。

この「家族」と寡占資本家によって、晩年のエリツィンは動かされていた。社会間格差は拡大し、貧困が深刻になるとともに、中央政府の統治が地方に及ばなくなった。その結果、チェチェンやダゲスタンでは内戦が勃発するようになった。このような状況で、エリツィンは国家の立て直しを本気で考えた。この目的に適《かな》う後継者を探し、最終的にプーチンを選び出した。

まずプーチンは、チェチェンの独立派を①土着のチェチェン人勢力②中東とつながる勢力の二つに分ける。①とは対話、②に対しては徹底的な武力鎮圧という路線を貫いた。当時チェチェンの武装勢力は、ロシアからの独立を唱える民族主義者と、中東のアルカイダとつながるイスラーム原理主義過激派（ロシアではワッハービという）の間で激しい武装抗争が展開されていた。

原理主義過激派は、民族に価値を認めない。彼らはチェチェン独立ではなく、北コーカサス地域を拠点にイスラーム革命を全世界に輸出しようと考えた。プーチンの介入によって、独立派は「原理主義者よりはモスクワのほうが好ましい勢力だ」という認識を抱くようになる。そしてモスクワの中央政府と和解した。

プーチンは大統領府幹部の職にあったとき、汚職を厳しく摘発している。しかし、エリツィンの「家族」と寡占資本家の利権あさりには手をつけなかった。当時「家族」や寡占資本家は、民主的選挙によって共産党政権が生まれることを本気で恐れていた。エリツィン政権時代に人権侵害や不正蓄財に関わったとして逮捕される危険が、これらの人たちには十分あった。

旧ソ連の国有財産を民間に移行する過程で起きたことについて、法規を厳格に適用すれば、でっち上げをする必要はない。エリツィンやその「家族」、寡占資本家はいずれも逮捕・起訴され、刑務所で長期間服役しなくてはならなくなる。

この状況から逃れるためには、どのようなことがあってもエリツィンやその「家族」、寡占資本家が統制できる後継大統領を据《す》えるしかない（もう一つの現実的処方箋は国外亡命だ）。

■寡占資本家を切り捨てたプーチンの冷徹

エリツィンの「家族」と寡占資本家は、「中堅官僚からいきなり出世街道を駆け上ったプーチンならば簡単に統制できる」と考えた。この考えは甘かった。

確かにプーチンは、エリツィンに対しては、サプチャークに対するのと同じレベルで忠誠を誓った。しかし寡占資本家に対しては、就任後、数ヵ月で「経済人の仕事は、儲《もう》けて税金を国家に支払うことだ。政治に干渉することはいっさい認めない」と宣言した。

エリツィン時代、政治と経済の境界線は大統領と寡占資本家が協議し、合意のうえで決めていた。これに対してプーチンは「政治と経済の境界線は、大統領が一方的に引く。ゲームのルール策定に寡占資本家を加えない」という方針を徹底した。そして旧ＫＧＢ出身者を各企業に配置して、寡占資本家の動きを監視・統制するようになった。

ここで「家族」や寡占資本家は、エリツィンがプーチンを後継大統領に指名することに賛成したのは過《あやま》ちだったと悟った。そこでエリツィンの影響力によって、プーチンを牽制《けんせい》しようとした。しかし、エリツィンは「家族」や寡占資本家と一線を画した。エリツィンがプーチンに期待したのは、「家族」や寡占資本家の圧力を断ち切る指導力だったのだ。

カリスマ性と指導力

プーチンは独自のカリスマ性と指導力をもっている。当初は「中堅官僚上がりのプーチンに国家を運営することなんてできない」「エリツィン政権時代に実質的な権力をもっていた寡占資本家、さらに寡占資本家と深く結びついたエリツィンの『家族』の傀儡《かいらい》になる」という見方が強かった。

私は初めからこのような見方をせず、プーチンは2年くらいかけて実質的な権力を掌握すると見ていた。

２０００年3月の大統領選挙でプーチンが当選した直後、私はモスクワに出張し、政治エリートと踏み込んだ意見交換をした。このときのブルブリス連邦院（上院）議員の見方が興味深かった。ブルブリスはエリツィン政権初期の知恵袋であり、ソ連崩壊のシナリオを描いた人物だ。

ブルブリスは、エリツィンがプーチンを後継に据えた理由についてこう述べた。

「エリツィンは、共産主義のくびきからロシア人を解放しようと本気で考えた。エリツィンが主観的にはロシア国民の幸福とロシア国家の繁栄を追求していたことは間違いない。しかし同時に、エリツィンは自分にはソ連体制を破壊する力はあるが、新しいロシア社会を建設するノウハウをもち合わせていないことを認識していた。つまり過渡期の政治家であることを自ら理解していた。ソ連体制を破壊するためには、ショック療法が不可欠とエリツィンは認識していた。

市場経済への移行で、寡占資本家が大きな力をつけ、またタチアーナ（エリツィンの二女）が中心となって、父親の権力を利権化していることについても気づいていたし、それをやめさせたいと思っていた。同時に、ソ連時代の権力闘争の激しさを知っているので、権力を手放した後の妻、娘、婿、孫たちの身の安全についても真剣に考えていた。

エリツィン一族の身は守るが、エリツィン時代にできた利権構造を破壊し、ロシアの国家体制を強化する人物を探していた。その結果、エリツィンは、プーチンならばこの困難な課題を実行できると考えた。当選から1年間は、プーチンはおとなしくしている。しかし、その後、独自色を発揮する。エリツィンはプーチンの政策に干渉しない」

自身の周辺に配置した政治エリート集団

その後のプーチンの歩みは、まさにこの通りになった。まず寡占資本家を政治から遠ざけ、エリツィン時代の政治エリートも権力の中枢から徐々に遠ざけた。そして、プーチンの周辺に二つの政治エリート集団が形成された。

第一集団が、サンクトペテルブルク出身の改革派系テクノクラート（技術部門出身官僚）だ。その代表が、プーチンの後継大統領となったメドヴェージェフだ。

第二集団が旧KGB出身者を中心とする「シロビキ（武闘派）」と呼ばれる人々だ。ロシア語で力を「сила、シーラ」という。シロビキとは、KGBの後継組織であるFSBやSVR、内務省やGRU（国防省参謀本部諜報総局）など、階級制のもと、力を行使する国家機関に勤務する人という意味だ。

いずれの集団も、厳密な規律によって組織されているわけではない。日本の雰囲気で言うと、空手部や応援団など結束の固い体育会OB会のような集団だ。仕事のうえでの直接的な利害関係を超えて、助け合う関係にある。また、独自のネットワークによって情報を共有する。

エリツィン時代の寡占資本家や「家族」と比較すると、富や権力が集中していない。寡占資本家は法による縛りを嫌い、エリツィンに影響力を行使して自らに有利な大統領令や政府命令を策定させ、利権を追求してきた。

「法の独裁」を掲げるプーチン政権下では、このような恣意《しい》的な支配ができなくなった。プーチンの周辺の政治エリートは、議会に対するロビー活動を通じて、自らに有利な法律の採択を企てる。ただし、ひとたび成立した法律には従う。その結果、ロシアの社会が安定した。

■ツァーリ＝皇帝としての自覚

２００２年２月、プーチン政権が成立して２年になろうとしていたときに私はモスクワに出張した。このときブルブリスは「プーチンの時代は相当長く続く。大統領を２期務めたあとに誰かに１期だけ大統領をやらせて、再び権力の座に戻ることになると思う」と述べた。

まさに10年後の２０１２年に起きることを正確に予測していた。権力の内在的論理に通暁《つうぎょう》したブルブリスには、ほかの人には見えないものが見えるのだ。

ブルブリスは「プーチンの自己認識の変化に注目しろ」と言って、こう続けた。

「重要なのはプーチンの自己意識が、三段階の変化を遂げていることだ。最初プーチンは、自らの大統領権力はエリツィンによって与えられたものと考えていた。

しかし、徐々に自分はロシア国民によって選ばれたという意識が強まった。その結果、エリツィン政権を支え、プーチン自身も恩恵を受けた寡占資本家と絶縁する決断を行うことができた。寡占資本家をこのまま放置していては、ロシア国民の利益に反すると心底から考えるようになったからだ。

そして、大統領に就任し1年半を過ぎてからプーチンの自己意識にさらに変化が生じた。3〜4年前まで中堅官僚に過ぎなかった自分が、ロシア国家の元首になったのは、エリツィンから権力を譲り受けたとか、選挙によって国民から選ばれたということを超える天命であると思うようになった。

ロシア正教会を重視し始めたのも、自らの権力が神によって与えられたという意識が芽生えてきたからだ。国家の指導者になるためには、超越的な使命を自らがもっているという自己意識が不可欠になる。同時にロシアの場合、こういう自己意識をもつ指導者は、皇帝に近い発想をもつことになる」

ロシアの国家指導者の条件として究極的に求められるのは、「超越者から自分が特別の使命を受けた」という自己意識である。このブルブリスの指摘は、事柄の本質を突いている。

■インテリジェンス・オフィサーとしてのプーチン

プーチンはKGB第一総局の出身だ。プーチンの政治家としての行動様式には、インテリジェンス・オフィサーがもついくつかの特徴がある。

最も重要なのは、独自の方式でシグナルを出すことだ。インテリジェンス・オフィサーは言葉を大切にする。無駄なことは言わない。プーチンにもその特徴がある。

このことを私に初めて指摘したのもブルブリスだ。エリツィンとプーチンの政治スタイルの相違について私が尋ねると、ブルブリスはこう答えた。

「プーチンが、1970年代にKGBで基礎教育を受け、実践を積んだインテリジェンス・オフィサーであることを忘れてはならない。プーチンは、さまざまなルートで、情報の入手に努める。しかし、それぞれの情報に対する評価について、いちいちコメントしない。だから側近たちは、プーチンが何を考えているかわからずにやきもきする。

しかし、プーチンは真剣に考えている。そして、発言するときはプーチンはすでに基本方針を決めている。自分が何を考えているかがわかるようにシグナルを出す。ＳＶＲ（ロシア対外諜報庁）と相手国のインテリジェンス機関が、信頼できる関係をもっているときは、このチャンネルを用いる。それに加えてマスメディアを通じてシグナルを出すこともある」

私の経験に照らしても、首脳会談の日程や、そこでロシア側が関心をもつ事項についての情報は、ロシア外務省からよりもＳＶＲからもたらされることのほうが多かった。

また、日本の要人をロシア大統領や大統領府高官と会わせるときや、９・11アメリカ同時多発テロに関する意見交換についても、ロシア外務省よりもＳＶＲを通じてのほうが、準備が円滑に進んだ。こういう裏ルートがきちんと機能しているときは、プーチンはメディアを通じて大胆なシグナルを出してくる。

たとえば、２００１年３月24・25日、ロシア東シベリアのイルクーツクで行われた日露首脳会談の前の出来事だ。３月23日に放映されたＮＨＫのインタビューでプーチンは、１９５６年の日ソ共同宣言に規定された平和条約締結後の歯舞群島《はぼまいぐんとう》と色丹島《しこたんとう》の引き渡しについて

「われわれにとって義務的である」と述べた。

それを踏まえて、日露首脳会談が行われる前日に森喜朗総理がイルクーツクの有力者を呼ぶ晩餐《ばんさん》会で、北方領土交渉の事務方の責任者だった東郷和彦・外務省欧州局長が事前折衝《せっしょう》を

行った。

東郷氏は著書でこう記す。

〈私は、パノフ大使とロシュコフ（外務）次官がこの晩餐会に出席することを確認した上で、席次を検討していた総理官邸とロシア課の担当者に、私の席をパノフ大使の隣にしてもらうように頼んだ〉（『北方領土交渉秘録　失われた五度の機会』新潮社、２００７年）

プーチン大統領がシグナルを出しても、相手がそれを受け止め、反応する態勢が整っていないと、インテリジェンスゲームは成立しない。プーチンはＮＨＫのインタビューでシグナルを出せば、日露外務省間で根回しが始まると読んでいた。こういう根回しの場の実態はなかなか表に出ないが、東郷氏はパノフ大使とのやり取りについて記している。

〈私はなお問いかけた。

「さらに、『過去の合意の尊重』という表現もある。これには当然、東京宣言が入る以上、国後《くなしり》・択捉《えとろふ》についても併せて協議するというニュアンスが含まれているのか」

「とにかく大変重大なインタビューだ。森総理が明日これについて積極的に評価していただければ効果的だ」

大使は、依然として私の質問には直接的に答えなかったが、話は核心に入ってきた。

「例えば、どう評価すれば効果的なのですか」

「歴史的な勇気ある発言とか、総合的に理解すると自分の考えていることと共通性もあるとか」

「もう少し全体像が聞きたい」〉（前掲書）

こういう調子で、晩餐会の後、東郷氏とパノフ大使は二人で秘密会談を行い、翌日の首脳会談の根回しをした。当時の日本国外務省は、プーチンがどのようにリーダーシップを発揮するかを熟知していた。東郷氏をはじめ、プーチンが出す外交的に重要なシグナルを読み解くことのできる専門家が何人もいた。

▩プーチンがシグナルを送ってきた瞬間

２００２年の鈴木宗男バッシングに巻き込まれ、東郷氏はオランダ大使を免官になり、外務省から去った。東郷氏を失ったことが、その後の北方領土交渉に与えた打撃は大きい。

08年に大統領になったメドヴェージェフは、プーチンのようなインテリジェンスの手法を用いたシグナルを出さない。また、ロシアの大統領府と日本国外務省の間の意思疎通も十分にできていなかった。外務省は、大統領府幹部に人脈をつくることができなかった。そのため首脳会談の根回しが不十分で、北方領土交渉が進まないのみならず、日露関係全体が停滞していった。

12年3月4日の大統領選挙の3日前、3月1日に行われた外国人記者との会見で、プーチンは北方領土問題に関するシグナルを送った。直接の相手は若宮啓文・朝日新聞主筆だ。プーチンは若宮氏を通じて、野田佳彦《よしひこ》総理にシグナルを出した。

若宮氏は、こう回想する。

〈私が質問に移るや「あなたは礼儀正しく振る舞った」と言うではないか。質問をいきなり領土問題から始めなかったからだと言い、お返しにこの問題を自分から切り出すと、やがて「引き分け」論に及ぶのだった。(中略)もっともその具体論は語らず、「2島引き渡し」というロシアの原則を改めて力説した。いやはや、せっかくの「引き分け」も「4分の2」

の意味ならかなわない。そう思って「引き分けを求めるなら2島では不十分」とクギを刺すと、彼は破顔一笑、では交渉に「はじめ」の号令をかけよう、と約束した。こうして私も何とか引き分けに持ち込めた〉（２０１２年４月16日、「朝日新聞デジタル」）

日露関係を見るかぎり、外務省より朝日新聞のほうが、プーチンのシグナルを読み解き、適切に対応する能力が高いようだ。

■プーチンから学ぶ具体的な五つの流儀

真理は具体的だ。ＫＧＢの中堅官僚に過ぎなかったプーチンが独裁者に駆け上った五つの理由を記そう。

その一。タイミングを待つ。

プーチンは、焦《あせ》らずにタイミングを待つことができる。まるでシベリアのタイガ（密林）で獲物を狙う虎のようだ。少年時代、プーチンは第２次世界大戦中のソ連の諜報機関員をモデルにしたテレビ映画「剣と盾」を見て、将来、ＫＧＢで勤務しようと思った。行動的な少年だったプーチンは、ＫＧＢのレニングラード（現・サンクトペテルブルク）支部を訪ねる。そこで「どうすればKGBで勤務することができるか」と尋ねる。応対した職員は、「KGBは志願してくる者は採用しない。KGBで働きたいという希望は隠しておくことだ。高等教育を受けていくと採用されやすい」と答えた。プーチン少年が「大学では何を勉強すればよいか」と尋ねると、KGB職員は「法学がいい」と答えた。

このKGB訪問から、プーチン少年は、レニングラード国立大学法学部を目指して一生懸命勉強するようになる。そして、大学生のときにKGBのリクルート担当官の面接を受けた。面接のときも「ぜひ、KGBで働きたい」というようながつついた姿勢は示さなかった。

大統領府で出世街道を急速に上っていくときも、プーチンは猟官運動（ポストを得るためのロビー活動）を一切しなかった。相手が声をかけてくるのを待って、その瞬間に「やります」と言って餌に喰らいついた。大きな出世を目指す人は、やたらとがつついた姿を見せてはならない。

■敵と味方を仕分ける　敵は徹底的に潰す

その二。人間関係を大切にする。

先ほど述べた通り、サプチャーク、エリツィンなど、プーチンは恩義を受けた人を絶対に裏切らない。しかし、プーチンは八方美人ではない。誰が味方か、誰が敵かについて慎重に仕分けをする。いったん敵と認定したら、その認識を変更しない。そして、政敵は徹底的に叩き潰す。

「プーチンに敵対したらひどい目に遭《あ》わされる」という恐怖心を政治エリートに抱かせる。他方、政治に関与しない人々がプーチンを誹謗《ひぼう》中傷しても反応しない。そして、顔が見える範囲の具体的な友人と、抽象的な国民一般に対して、プーチンは優しさを示す。プーチンのように「敵を必ず殲滅《せんめつ》する」というスタイルは日本人の文化になじまないが、ビジネスにおいても、人間関係の絞りこみを行うことは重要だ。

その三。サードパーティ（第三者）・ルールを守る。

インテリジェンスの掟の一つに、サードパーティ・ルールがある。ロシアのインテリジェンス機関から、日本国外務省が「北朝鮮が明日核実験を行うらしい」という情報を得たとする。この情報を日本が第三者、たとえば韓国に提供したい。そこで「ここだけの話だが」と言ってロシアに無断で伝えるのは、サードパーティ・ルール違反だ。

インテリジェンス情報を第三者に伝えたいときは、情報提供者の了解をあらかじめ取る（当然、情報提供者が「ダメだ」と言う場合には秘密を守る）というサードパーティ・ルールをプーチンは遵守している。それだからプーチンは、国内の政治エリートのみならず、諸外国の首脳から信頼されるのだ。

■無意味な発言を避けて天命を信じる

その四。無意味な発言をしない。

これもインテリジェンス・オフィサーの特徴だ。どのような情報であっても、ただちに反応しない。さまざまな可能性について自分の中でシミュレーションを行い、暫定的な方向性を定めてから発言する。ちなみにプーチンは、時々暴言を吐く。

たとえば、チェチェンにおけるロシア軍の人権侵害について尋ねられたとき、「イスラームに関心があるようだな。それならいい割礼師《かつれい》を紹介してやろう」というような暴言を吐く。一見感情的になっているようだが、プーチンは冷静だ。「チェチェンの反対派鎮圧は、ありとあらゆる手段を用いて行う。国家体制を保全する目的のために、人権弾圧との批判は甘受する」という意味を暴言に込めている。それだから、プーチンが暴言を吐くと記者も政治エリートも震え上がり、暴言を批判することを差し控えるようになる。

2012年3月1日、プーチンが北方領土問題に関して、歯舞群島と色丹島の日本への引き渡しを定めた1956年日ソ共同宣言に言及し、「引き分け」になるような交渉を開始しようと述べた。これもロシアの相場では暴言だ。ほかの政治家がこのような発言をしたら、激しいメディアバッシングが起きる。しかし、プーチンに対する批判は政治エリート、マスメディアの双方で起きなかった。この件でプーチンを批判すると、逆鱗《げきりん》に触れるとわかっていたからだ。

その五。天命を信じる。

プーチンは信仰心が厚い。プーチンの別荘が失火で全焼したことがある。別荘の壁に十字架の首飾りを掛けていたが、不思議なことにこの十字架の周囲の壁は焼けず、十字架は残った。プーチンはこの十字架を大切にしているというエピソードを時々口にする。また、ロシア正教会との関係を重視し、個人的にも親しい神父が何人かいる。

ちなみに私は外交官時代、仕事でSVRの幹部と宗教や神について話し合ったことが何度もある。SVR幹部は、KGB時代にマルクス・レーニン主義に基づく科学的無神論の教育を受けていたにもかかわらず、例外なく神を信じていた。

ソ連崩壊前後、ほんの小さな要因が、出世の明暗だけでなく文字通り生死を分けることになった。そういう強烈な経験をしているので、彼らは人知を超えた天命を信じるようになったのだ。天命を信じる人は、実力を最大限に発揮できる。

ロシアによるウクライナ侵攻を目にして感情的になり、プーチンを悪魔視するばかりでは、人間「ウラジーミル・プーチン」の内在的論理を見誤ってしまう。いかなる系譜をたどって彼が独裁者の地位まで上り詰めたのか精細に検証すれば、プーチンの見え方が変わり、ウクライナ侵攻の解決への手がかりが見えてくるはずだ。

第3章

20年独裁政権構想とユーラシア主義

づいた。

■ スターリンの正統な後継者

「ロシアで政局を見るコツは、男と男の愛と嫉妬である」ということに、ある時期、私は気づいた。

エリツィン大統領を本気で愛した政治家は、私が見るところでもブルブリス、ソスコベッツ（元第一副首相）、ガイダル（元首相代行）、キリエンコ（元首相）などたくさんいる。だが、これらの政治家の愛に対する見返りは、ほとんどなかった。結局エリツィンは、自分に愛情を注いだ政治家を全員退け、家族だけの閉鎖的な世界をつくった。後継には、愛情物語とは無縁のプーチンを指名した。

大統領になった後、エリツィンは誰のことも愛さなくなったが、他人の愛は受《う》け容《い》れた。これに比べてプーチンは他人を愛することも、他人の愛を受け容れることもない。ロシアの帝王学では、最高権力者は愛することも愛を受け容れることも禁止されている。プーチンは帝王学を学んでいないが、エリツィン周辺の男と男の愛と嫉妬を嫌というほど見る過程で「自習」したのであろう。その結果、他人を愛さず、誰の愛も受け容れなかったスターリンの正統な後継者になった。

プーチンは自分しか愛さないが、ここには独自の思想的回路がある。プーチンにとって自分＝ロシア国家だ。ロシア国家と国民に対する愛が異常に深いから、プーチンは自分しか愛せない。あの無表情、冷血な仮面の下には、過剰な愛情があるのだ。

政治家や官僚は、きちんと仕事をすることによって、プーチンと国家に対する愛情を表現すべきだ。それをわからずに、人間としてプーチンに擦り寄ってくる者は切られる。カシヤノフ首相（２０００〜04年在任）がその例だ。カシヤノフはプーチンからの愛情を受け容れられなかったことを恨み、その後、反プーチン勢力の先頭に立った。

■人間は信用しないが愛犬は手放しで受け入れるプーチン

しかし、プーチンも人間だ。誰かを愛さないと生きていけない。プーチンの愛はペットに向けられた。２００６年のサンクトペテルブルク・サミット（主要国首脳会議）に、プーチンはメスの黒いラブラドール犬〝コニー〟を帯同した。記者団に対しては「〝コニー〟にエサを与えないでください」という注意がなされた。

07年1月、黒海沿岸のソチで行われたドイツのメルケル首相との会談に〝コニー〟が乱入してきた。これは犬嫌いのメルケルに対する牽制《けんせい》の意味があった。驚いたメルケルにプーチンは「この犬があなたを脅《おびや》かすことはないと思いますよ。この子は何も悪いことをしません」と述べた。人前でもプーチンは、愛犬に対してだけは微笑《ほほえ》みかける。

■「プーチン20年政権構想」の帰趨

この観点から、プーチン大統領の後継者問題を見てみると面白い。前にも述べたが、一般にプーチンの権力基盤となるのは、二つのグループであると言われている。

第一が、サンクトペテルブルク出身の改革派系テクノクラートだ。レイマン元情報技術通信相、クドリン元財務相などが中心人物だ。この勢力から、メドヴェージェフ第一副首相（元大統領府長官）が08年3月の大統領選挙に出馬し、当選した（08～12年在任）。

第二が、KGB（旧ソ連国家保安委員会）や軍出身の「シロビキ」と言われるグループだ。ロシアの場合、権力の実態は大統領執務室の距離からはかるとよくわかる。クレムリンの大統領執務室から、旧ソ連共産党中央委員会があったスターラヤ・プローシャジにある大統領府は500メートルの距離であるのに対し、政府建物は4キロくらい離れている。

大統領府には、第一グループの改革派系経済人はほとんどおらず、「シロビキ」によって占められている。07年当時、セーチン、スルコフの二人の大統領府副長官、ビクトル・イワノフ大統領補佐官は、いずれも「シロビキ」の代表格だ。この勢力からはセルゲイ・イワノフ第一副首相（元国防相）が有力大統領候補と見られていた。

メドヴェージェフ、イワノフはプーチンを本気で愛している。二人の大統領に対する忠誠心に疑いの余地はない。そして各々《おのおの》が、自分が大統領になったほうがプーチンの政治的意思を引き継ぐことができると考えていたようだ。この愛情が障害になったように私には思えてならない。

愛と嫉妬、そして憎悪《ぞうお》は、隣り合わせの感情だ。メドヴェージェフ、イワノフのいずれが後継大統領になっても、相手のグループに対するパージ（粛清）を行う。そうなると総体として見るとプーチンの権力基盤が弱体化する。

ロシア憲法は、大統領の連続3選を禁止していた。00年から大統領を2期務めたあと、メドヴェージェフなりイワノフに大統領を務めさせる（結局前者が大統領に当選した）。一期だけ休めば、12年の大統領選挙に再びプーチンが出馬することは可能だ。

１９５２年生まれのプーチンは２０１２年時点で60歳だから、その後、２期大統領を務めても68歳だ。実態として、00年から20年まで20年間ものプーチン王朝ができあがる。

――07年時点で、私はこう予想していた。その後、プーチンは相次ぐ憲法改正によって「プーチン20年王朝」どころではない強固な権力基盤をつくり上げた。まず08年の憲法改正によって、それまで2期8年だったロシア大統領の任期を2期12年に延長する。

さらに2020年、プーチンが2024年に任期満了を迎えたとき、それまでの大統領就任年数のカウントはいったんリセットされるという憲法改正が行われた。24年以後も2期12年大統領を務め、最長で36年まで権力の座に居座れるようになったのだ。1952年生まれのプーチンが仮に2036年まで大統領を務めれば、84歳まで大統領を務め続けることになる。「プーチン20年王朝」を「プーチン36年王朝」へと延長するシナリオが完成したのだ。

それを踏まえて、話を07年に戻す。

■日露の首相が同日に辞任　2007年9月の政変

世界史でもきわめて稀《まれ》な出来事と思うが、2007年9月12日、日本とロシアで安倍晋三首相、ミハイル・フラトコフ首相が同時に辞意表明をした。

もちろん、その政治的意味合いには違いもある。日本の場合、首相は文字通り最高権力者であるが、ロシアの場合、最高権力者は大統領であり、首相は行政府の長に過ぎない。要するに、大統領から「お前、これをやれ！」と言われたら、「はい、わかりました」と言って、執行しなくてはならない立場だ。

07年の政変の細かい違いについて述べれば、プーチン大統領はフラトコフ首相の辞任を直ちに受け入れ、内閣を総辞職させ、9月12日中にヴィクトル・ズプコフ（金融監視庁長官）を後任首相に指名した。9月14日、国家院（下院）が大統領によるズプコフ首相の指名を承認し、正式に首相に就任した。ズプコフは、08年3月の大統領選挙を円滑に行うための「選挙管理内閣の長」として首相に指名された。この間、政局の空白はまったくない。すべてがプーチン大統領の描いたシナリオ通りに進められたのだ。

■大統領年次教書演説から読み解くプーチンの野望

日本の政局は、国際スタンダードでの政治学の教科書を何冊読んでも理解できない「東洋の神秘」の様相を帯びているので、見せ物としてはそれなりに面白い。これに対して、ロシアの首相交代劇からは、ロシアを帝国主義国家として強化しようとするプーチンの戦略が透けて見える。２００７年4月26日、国家院（下院）議員と連邦院（上院）議員に対して行った大統領年次教書演説で、プーチンはこう述べた。

〈来る２００８年春に私の大統領の任期は終わり、次の連邦議会への教書演説は別の国家元首が行うことになるであろう。この関係で、多くのわが同僚は、本日の教書演説が、もっぱら２０００年からの、諸君との共同作業についての総括にあてられ、この作業の評価が行われ、将来に対する助言を哲学的形態で聞くことになることを期待したであろう。しかし、今ここで自分がやってきたことに対する評価を下すのは適当ではないと思う。私が政治的な遺言を残すにはまだ早い〉（ロシア大統領公式ホームページのロシア語テキストから訳出）http://president.kremurin.ru/text/appears/2007/04/125339.shtml

この発言を素直に受けとめればいい。プーチンは、政界から引退するつもりはさらさらなかったのだ。

■ ただのリリーフピッチャーだったズプコフ首相

憲法を遵守《じゅんしゅ》する以上、２００８年3月の大統領選挙にプーチンは立候補しない。だが12年の大統領選挙には立候補し、２期連続で20年まで権力を掌握する。その結果、00年から20年間にわたるプーチン王朝が成立するのだ。

08年にプーチンが首相に指名した時点で、ズプコフは66歳だった。当時、ロシアの男性の平均寿命は60歳前後なので、ロシア政界における66歳とは、日本の雰囲気では80歳くらいになる。

〈ロシアの人口問題で特徴的なことは、男性の平均寿命が短いことであろう。1994年ロシア男性の平均寿命は57・3歳まで落ちてその後若干上昇したが、ここ数年再び下降し2002年は58・5歳となった。この年、ロシア女性の平均寿命は72・0歳であるが、先進国で男女差が14歳以上の国は世界中に存在しない（通常は4―7歳である。日本の場合、2003年男性78・4歳、女性85・3歳でその差は6・9歳である）。

この要因の最大のものは、ロシア男性に潜在的に存在するアルコールに対する過度な依存症にあると思われる〉（遠藤洋子『いまどきロシアウォッカ事情』東洋書店、06年）

プーチンが大統領に就任した後、ロシア人男性の平均寿命が低下したのは、おいしいウオトカが大量に生産されるようになったからだ。ウオトカの生産量が増えると国民の政治意識は低くなり、政権にとって統治が容易になる。プーチンがウオトカを用いた「愚民政策」を採っていたと私は見ている。

▩国家体制強化のシナリオ

プーチンが描いたロシア国家体制強化のシナリオは、何なのであろうか。この点について、大統領の座をメドヴェージェフに譲った時点で、プーチン自身は明確な稜線《りょうせん》を描いていない。シナリオを完全に提示すれば、それに反対する動きが顕在化し、軌道修正を余儀なくされるので、プーチンが明確な発言を避けるのは当然のことだ。

ただし、2007年4月26日にプーチンが行った大統領年次教書演説（先ほども少し触れた）の内容を注意深く分析すれば、シナリオの大枠が見えてくる。注目される部分を四点に整理してみる。

第一点は、08年3月の大統領選挙に立候補しないことを明白にしたことだ。

プーチンは、〈私の大統領の任期は2008年春に終わり、次回の連邦議会への教書演説は別の国家元首が行うことになる〉と断言した。

当時のロシア憲法では、同一人物の大統領3選は禁止されていた。そこで、憲法改正による3選禁止規定の撤廃、ロシアがベラルーシの国家統合による新国家元首への就任など、大統領任期が満了する08年5月より後も、プーチンを国家元首にとどめようとする動きが大統領府の一部にあった。その動きをプーチン自身が止めたのだ。

プーチンは自己の権力基盤を、ソ連時代の党官僚による支配やエリツィン前大統領時代の人による支配ではなく、「法の独裁」に求めた。このことが、安定した政権を構築するうえで貢献した。もっともここで言う「法」とは、プーチン大統領周辺の官僚によって、かなり恣《し》意《い》的に組み立てることができるので、英米法で言う「法の支配」とは本質的に異なる概念だ。

■「民族の理念」の探求

第二点として、プーチンは大統領退任の２００８年以降も政界から引退せず、「民族の理念」を追求する意向を表明した。

教書演説でプーチンは、大統領職を離れることが政界からの引退を意味するものではないことも明確に述べた。少し長くなるが関連箇所を正確に引用する。

〈今ここで自分がやってきたことに対する評価を下すのは適当ではないと思う。私が政治的な遺言を残すにはまだ早い。もっとも、将来について考えることは常に必要である。ロシアには民族理念の探求という「いにしえからのロシア的楽しみ」があるではないか。それは人生の意味を探求するようなものである。全体としてこの課題はかなり有益で、面白いものである。これにはいつでも取り組むことが出来るし、終わりがない。今日はこの問題についての議論を始めるのはよそう。しかし、われわれは直面する課題を解決し、その際、あらゆる現代的で最新のものを用いたり、新しいものを生み出すと同時に、ロシア民族が千年以上にわたる歴史の中で作り上げた基本的な倫理的・道徳的価値観に依拠していかなければならない、ということに多くの人が同意してくれると思う。そのようにする場合にのみ、われわれは国家の発展の方向性を正しく定めることができる。そのようにする場合にのみ、われわれは成功を期待することができる。

われわれは、どのような時代に、革命の激動の時代または停滞の時代に、生きていようとも、ほぼ常に変化を望んできた。ただし、各人には変化がどのようなものであるべきかについてそれぞれの理解もあるし、各人にとっての優先順位、共感や反感、そして過去、現在、未来に対する見解がある。それは理解できるし、当然である。われわれは皆同じではないからである。しかし、例外なくすべての人を統合する何かがある。すべての人がそれがよい方向への変化であることを望んでいる。だが、それをどうしたら手に入れることができるかについて誰もが知っているわけではない。今日ここクレムリンに集まっているわれわれはこのことを知っていなければならないのみならず、実践的、具体的行動の計画を作成するためにあらゆることをやらなければならない。われわれはこの計画の有効性をわが国の大多数の国民に確信させ、彼らが共通の創造的プロセスの現実的な共同参画者になるよう、あらゆることをやらなければならない〉

民族理念の探求とは、言い換えれば、国家イデオロギーの構築という意味だ。千年以上、ロシア民族を成立せしめた原理なるものを言語化し、今後の国家統合の基礎にしようとしているのである。

ここで注意しなくてはならないことは、プーチンに二つの魂があることだ。これは、インテリジェンス（諜報《ちょうほう》）の世界で生きてきた人間に特有の傾向である。まず、冷徹な分析家として、民族という意識は、近代に入ってからの流行現象に過ぎず、特に後発資本主義国であるロシアにおいては百数十年の歴史しかもっていないことをプーチンは十分理解している。

同時に政治家として、ロシアを統合し、国民を動員するためには、政治的変化や体制転換を経ても変わることのない永続する「民族の理念」なるものを称揚《しょうよう》することが効果をあげることをよく理解している。

プーチンが追求する「民族の理念」とは、表面上は19世紀のロマン主義的言説のように見えるが、それとは本質的に異なる。民族を超克しようとしたソ連の実験は失敗した。その歴史を踏まえ、民族主義を刺激すると、チェチェンの分離独立運動のようにロシア連邦を内側から破壊する危険性をはらんでいることをプーチンは十分認識する。

所与の条件では、民族以外に大衆を動員する「物語」を構築する理念を見出《みいだ》すことはできない。従って「民族の理念」として、ロシア正教や文化理念よりも、非ロシア人や非正教徒を包摂《ほうせつ》しやすい地政学をプーチンは重視する。一種の消極的選択として、プーチンは「民族の理念」による統治を追求しているのだ。

■武闘派シロビキが重視する「主権民主主義」

第三点として、プーチンは、アメリカや西ヨーロッパの民主主義の基準はロシアに合致しないという認識を表明した。

〈率直に言えば、わが国の安定した着実な発展をよく思わない者もいる。ある者は好き放題に国民全体の財産をごっそり盗み取り、国民と国家を略奪する目的で、別の者はわが国から経済的、政治的独立を奪う目的で、近過去に生じた状況を回復しようとして、似非《えせ》民主主義的言辞を弄《ろう》する者もいる。ロシアの内政に直接介入するために用いられる資金の海外からの流入も増大している。遠い昔のことを振り返るならば、植民地主義の時代にさえ、宗主国のいわゆる文明開化の役割について述べられていた。今日、民主主義のスローガンが武器として用いられているのである。しかしその狙いは一つしかない。すなわち、一方的な優位性と自分たちの儲《もう》けを手に入れ、自己の利益を確保することである〉

先述のように、プーチンの支持基盤には二つの主要な支持グループが存在する。第一は、サンクトペテルブルク出身の改革派系テクノクラートのグループ。第二が、諜報機関や軍出身者による「シロビキ（武闘派）」のグループだ。

2007年当時の「シロビキ」に属するスルコフ大統領府副長官やイワノフ第一副首相は、「主権民主主義（суверенная демократия、スベレンナヤ・デモクラツィヤ）」という概念を強調した。「ロシアの国家主権を毀損《きそん》する欧米の民主主義基準を受け入れることはできない」という決意表明だ。

プーチン自身は「主権民主主義」という術語を用いることは避けているが、年次教書で提示された民主主義観は、「主権民主主義」と親和的である。

第四点として興味深いのは、年次教書から析出されるプーチンが考える「民族の理念」が、ユーラシア地域に存在するロシアの地政学を重視する棲《す》み分《わ》け理論であるということだ。ロシアとロシア人の精神性の基礎をプーチンは多元性に置いている。

〈一方、文化的・精神的独自性が世界に開かれた国家建設の障害になったことはない。ロシアは、ヨーロッパの共通文化と世界文化の生成に多大な貢献を行ってきた。わが国は歴史的に多民族、多文化の結合体として形成された。そして大昔からロシア民族自身の精神性の基礎をなしていたのは、共通の世界、すなわち多種多様な民族性と宗教をもつ人々と共通の世界という理念であった〉

この多元性を担保する空間は、ロシア語というコミュニケーション手段によって形成されているという認識をプーチンは示す。

〈今年（著者註＊07年）はロシア語年と宣言されており、ロシア語が歴史的な諸民族友好の言語であること、実際に国際的コミュニケーションの言語であることを今一度思い起こすきっかけとなっている。ロシア語は真に世界的な業績の厚い層を蔵しているだけでなく、何百万という人々からなるロシア世界という現実の空間であり、それはむろんロシア自身よりもはるかに大きい。それゆえ、多くの民族の共通財産であるロシア語が、憎しみや反目、外国人嫌いや排外主義の言葉となることは決してないであろう〉

■ロシア「中興の祖」としての自画像

さらにプーチンは、ロシアの国家統合と国民統合に果たす道徳的価値観を重視する。

〈国民の精神的統一とわれわれを一つにしている道徳的価値観は精神的、経済的安定と同様、発展のための重要な要因であるということを指摘したい。私は、社会に共通の道徳的指針体系があり、国内で人々が母国語、独自の文化及び文化的価値、祖先の記憶、わが祖国の歴史の各時代に対する敬意を持ち続けている場合にしか、大規模な国家的課題を提起し、解決していくことはできないということを確信している。まさにこの国家の資産こそがロシアの統一と主権を強化するための基盤であり、われわれの日常生活の基礎、経済的、政治的関係の土台となっているのである〉

この言明だけを見ると、プーチンは、あたかも19世紀半ばの中東欧におけるロマン主義的なナショナリズム運動の煽動《せんどう》家のように見えるが、そうではない。これまで紹介してきたことを総合的に見るならば、プーチンは、言語、文化、祖先の記憶を多元的に解釈し、「民族の理念」とは、われわれが構築していく理念であるという形態で、国家によって、ロシア民族主義を含む民族主義の暴発を抑えることを意図しているのである。

ロシアに対して帝国主義的野心をもつアメリカやヨーロッパ、さらに巨大な多国籍企業からロシア国家とロシア国民を防衛する基盤を強化するために、自分には歴史によって与えられた使命がある。今もなお、プーチンはそう確信しているのであろう。

21世紀のロシア国家とロシア国民を安定的に発展させる「民族の理念」を構築した「中興の祖」となるという課題をプーチンは自らに課しているのだと、私は考えている。

そのために、２００８年にはカリスマ性に欠ける弱い者をあえて大統領に据《す》える。一回休みをした後に、12年の大統領選挙ではプーチンが再度当選を果たす。２期連続して、20年まで大統領の座に座る。大統領初就任の00年から実質的に「プーチン20年王朝」を建設することによって、ソ連後のロシア国家の基礎固めをしようとプーチンは目論《もくろ》んだのだ。

■KGBインテリジェンス・オフィサーとしてのDNA

ここで、時系列での話からいったん離れたい。

私がロシア政治を分析するときの師匠は、ゲンナジー・ブルブリス元国務長官（現・連邦院［上院］議員）だ。前にも述べたが、エリツィン大統領の政権初期のブレーンで、1991年12月のソ連崩壊シナリオを描いたのもブルブリスだ。

ブルブリスは抜群に頭がいい。それも学校秀才型の頭の良さと違う「地アタマ」もよく、91年8月のソ連共産党守旧派によるクーデター未遂事件、同年12月のソ連崩壊、93年10月にエリツィン大統領側がホワイトハウス（国会議事堂）に戦車で砲弾を撃ち込んだモスクワ騒《そう》擾《じょう》事件など、危機的状況になるといつもブルブリスが戦略を組み立てる。

2002年2月、私がモスクワで最後にブルブリスに会ったときのことだ。プーチンの政治スタイルを見るうえで、ブルブリスは二つのことに留意すれば、本筋を誤ることにはならないと言った。

第一は、情報を取り扱う手法が対外諜報機関員としてのスタイルそのものだということだ。その内容を尋ねるとブルブリスはこう答えた。

「情報は貪欲に複数の筋から集める。しかし、プーチンは何について関心があるのかは誰にも言わず、あれを調べてこい、これはどうなっているのかと複数の機関に情報収集を指示する」

「どうして、自分の関心について、プーチンは言わないのですか」

「関心について述べると、プーチンが喜びそうな情報だけを報告してくる危険性をプーチンが熟知しているからだ。逆に言えば、そういう手法でＫＧＢ（旧ソ連国家保安委員会）第一総局（対外諜報担当、ＳＶＲ＝ロシア対外諜報庁の前身）の機関員であった頃にプーチンが情報操作をしてきたということなのだろう。そして、プーチンは自らの結論が出るまで、無駄なことは言わない。プーチンの発言に無駄はない」

「一言も無駄はないのですか。思いつきで発言することはないのですか」

「ない。プーチンの発言にはすべて意味がある。もっとも相手の反応を意識したうえでの発言なので、額面通りに受け取ってはならない場合も多いけどね」

■プーチンの神憑り

第二は、プーチンが一種の神憑《かみがか》りになっているということだ。

「ゲンナ（著者註＊ブルブリスの名前ゲンナジーの愛称）、プーチンのような冷徹な諜報機関員が神憑りになるなど考えられません」

「マサル、逆だよ。有能な諜報機関員だから神憑りになるんだ」

「どういうことですか」

「最初、プーチンは、自らの権力はエリツィンから譲られたと考えていた。だからエリツィン一家に、どのような腐敗があろうとも手をつけなかった。その後、プーチンは、権力はエリツィンから禅譲されたというよりも、全国民によって選ばれたと考えるようになった。そこで、全国民の立場から見て、エリツィン一家に深刻な問題があるときは、エリツィン夫妻に災いが及ばない範囲で、手をつけることにした」

「そこで、プーチンはオリガルヒ（寡占資本家）の追い込みにかかったのですね」

「その通り。しかし、さらにプーチンの思考は発展する。自分のようなＫＧＢの中堅官僚が国家の長になったのは、前任者からの禅譲でもなければ、全国民に選ばれたのでもない。神によって選ばれたのだという気持ちを強くもつようになった」

「エッ、それじゃ文字通り神憑りじゃないですか。それがプーチンのロシア正教会への接近の背後にあるのでしょうか」

「ちょっと違う。プーチンの神観は、ロシア正教よりもプロテスタンティズムに近いと思う。マサルは確かカルバン派だったよね」

「そうです」

「ならばわかると思うが、プーチンは神によって選ばれていると考えている」

「天国のノートに選ばれた者として、プーチンの名前が書かれていることを確信しているということですね」

「そうだ。だから神の意向に従って自分は動いていると考えている。政治家は神が見えるようになってほんものの政治家になる」

「エリツィンもあるときから神が見えてきたんですか」

「見えてきた。だから大統領の座を維持することができた」

ロシアでは、権力はポストにつく。いったんポストから離れたあとも、ロシアで権力を維持できた例はない。そこでプーチンは、ロシアで初の個人カリスマを帯びた「国父（アテッツ・ナッィー)」になろうとした。そのために、プーチンは大統領職を離れた後、「民族の理念」の研究に専心し、新しいロシアの国家イデオロギーを構築しようという意向を2007年4月26日の大統領年次教書演説で明らかにしたのだ。

21世紀にロシア国家とロシア国民が生き残っていく「民族の理念」を体現した人物として、プーチンは独自のカリスマを身につけようとしたのである。

■ 2011年に大統領選出馬を表明したプーチン首相

話を戻そう。2011年9月23・24日、モスクワで「統一ロシア」の党大会が行われた。大会2日目の9月24日、メドヴェージェフ大統領が演説を行い、プーチン首相を12年3月に行われる大統領選挙の候補者に推薦することを提案した。本件について9月24日、国営ラジオ「ロシアの声」(旧モスクワ放送)は、こう報じた。

〈プーチン氏を推すメドヴェージェフ大統領

2012年のロシア連邦大統領選挙にはウラジーミル・プーチン氏が出馬する。ロシアの首相であり、「統一ロシア」党の代表を務めるプーチン氏がこれを24日の党大会で明らかにした。党大会で演説を行ったメドヴェージェフ大統領はプーチン氏にむかってこの提案を行うと、プーチン氏は「私にとっては大きな名誉だ。この提案を受けよう」と答えた。

メドヴェージェフ大統領は「統一ロシア」党に対し、２０１２年の大統領選挙の候補者としてプーチン首相を支持するよう提案した。

メドヴェージェフ大統領が「党大会がプーチン党代表を国の大統領候補に推挙することは正しいと思う」と述べると、数分の間拍手が鳴り止《や》むことなく続き、大統領の演説は一時中断された。

メドヴェージェフ大統領は「この拍手をみれば、ウラジーミル・ウラジーミロヴィチ・プーチン氏がいかなる経験と権威を持っているか、語る必要はないだろう」と述べ、党大会は全員一致でこの候補者への支持を表した。

この代わりにメドヴェージェフ大統領は、12月の下院議会選において「統一ロシア」党の候補者リストの筆頭者となることに同意している。

プーチン首相は党大会の演説冒頭で、大統領と政府代表から政権構想についての提案があるのを待っている状態だと語っていた。プーチン首相は、誰が将来何を行うかについては、合意はずいぶん前に成立していたと述べている。

メドヴェージェフ氏、プーチン氏ともに24日のモスクワでの「統一ロシア」党大会の作業に加わった。両者は一緒にホールに入場し、プーチン氏が最初に演説台に上った。プーチン氏は、政権与党の候補者リストの筆頭は国の大統領が占めるのが通例で、それは党の権威を高め、選挙での党の勝利を保証すると述べた。メドヴェージェフ氏は提案を受け入れた。

メドヴェージェフ大統領は「我々の強みは我々の目的が同じであることにあり、我々は選挙に勝ちにいくのだ」と語った。メドヴェージェフ大統領は政敵に対し、10年前、国は崩壊状態にあり、内紛の傷跡を抱えたに等しい状態だったことを思い起こさせ、「我々が愛すべきロシアを復興させたのだ。実行しない公約ばかりをあげ、ロシアの崩壊を望む者たちには渡さない」と述べた。

プーチン首相は、メドヴェージェフ氏がロシア政府を率い、国の近代化のために若く効果的な集団を創設するだろうと語った〉（http://japanese.ruvr.ru/2011/09/24/56674830.html 著者註＊誤字は訂正した）

メドヴェージェフ大統領がプーチン首相を大統領候補に推挙した瞬間の映像を見ると、党大会に出席した代議員が全員立ち上がり、プーチン氏のほうを向いて嵐のような拍手をし、文字通り数分間、鳴りやむことがなかった。ソ連時代の共産党大会を彷彿《ほうふつ》させる。もっともスターリン時代と比べると、プーチンへの個人崇拝はまだそれほど進んでいなかったが。

■スターリンに次ぐ長期政権となるか

1952年10月14日、ソ連共産党第19回党大会が開催された。スターリンが参加した最後の党大会だ。このときの記録を読むと、個人崇拝の雰囲気が伝わってくる。

〈(同志スターリンが演壇にあらわれると、代議員たちは、ながくなりやまない、あらしのような拍手でこれをむかえ、その拍手は喝采にうつる。全員起立。「同志スターリン、ウラー!〔著者註*万歳の意味〕」、「同志スターリン万歳!」、「大スターリンに栄光あれ!」という歓呼の声。)」

同志諸君!

全友党およびグループにたいし、それらの代表者が、わが大会にわざわざ出席され、あるいは大会に祝辞をおくられて、友好的なあいさつ、成功への希望、信頼をよせられたことについて、わが大会にかわって感謝の言葉をのべさせていただきたい。(ながくつづく、

あらしのよう拍手。それは喝采にうつる）〉（スターリン全集刊行会訳『スターリン戦後著作集』大月書店、１９５４年）

このような調子で始まった演説は、末尾で最高潮に達する。

〈したがって、資本の支配している国々における友党の勝利と成功を期待する、いっさいの根拠はあるわけである。（あらしのような拍手）

わが友党万歳！（ながくつづく拍手）

友党の指導者たちに長寿と祝福あれ！（ながくつづく拍手）

諸国民間の平和万歳！（ながくつづく拍手）

戦争放火者を打倒せよ！

（全員起立。ながくなりやまぬ、あらしのような拍手。それは大喝采にうつる。「同志スターリン万歳！」、「同志スターリン、ウラー！」、「世界勤労者の大指導者、同志スターリン万歳！」、「大スターリン、ウラー！」、「諸国民間の平和万歳！」という歓呼の声。「ウラー」という歓呼の声。）〉（前掲書）

ロシアは、民主主義国の建て前をとっている。従って、2012年3月の大統領選挙にはプーチン以外も立候補する。しかし、プーチン以外の候補が当選することは想定されていない。前述のように、相次ぐ憲法改正によってプーチンの大統領任期は、最長で2036年まで続く。スターリンは1922年にソ連共産党中央委員会書記長に就任し、53年に死去するまでその地位にとどまった。スターリンの31年支配に次ぐプーチン王朝が誕生しようとしているのだ。

■「一般の物差しで測ることができないロシア」

ロシア政治を欧米民主主義の基準で測ってはならない。19世紀ロシアの詩人で外交官だったフョードル・チュッチェフ（1803～73年）のつくった有名な四行詩がある。

〈知恵でロシアはわからない
一般の物差しで測ることができない
ロシアは独自の貌《かお》を持っている
ただロシアを信じることができるのみ〉

ソ連時代も、民主ロシアになった現在もロシア人は学校でこの詩を暗唱させられる。「理屈でロシアをわかろうとしても無理なので、ひたすら信じるしかない」という感覚はロシア人全体で共有されている。言い換えると、ロシアという国家を成り立たせているのは信仰なのだ。この信仰は、国家指導者の人格に体現される。ロシア的伝統で、国家指導者に対する信仰が生じるのは、ごく自然なことなのだ。

もっとも、ロシア人の大統領に対する信仰は、新宗教の教祖に対する崇拝とは異なる。ロシア人の内輪では、大統領に対する辛辣《しんらつ》な批判や、誹謗《ひぼう》中傷を平気でする。しかし、外国人が批判に加わると、それまで激しく大統領を非難していたロシア人が「お前はわが国の大統領を侮辱するのか」と食ってかかってくる。日本人でも、家族の間では父親の悪口を言っていても、他人がそれに同調すると嫌な思いをする。これと同じ感覚を、ロシア人は大統領に対して無意識のうちにもっているのだ。

■帝国主義的再編を急速に進めたロシア

2012年3月のロシア大統領選挙へのプーチン首相の立候補が決まってから、ロシアは国家政策の帝国主義的再編を急速に進めた。

その顕著な例が、ロシアの高級紙「イズベスチヤ」（11年10月4日付）に掲載されたプーチンの「ユーラシアのためのあらたな統合計画——今日生まれつつある未来」と題する論文（以下、プーチン論文と略す）だ。

ロシア憲法に基づけば、国家戦略、外交・安全保障政策の策定は、大統領の専管事項である。首相は、経済政策の策定と経済活動の指導、監督を行う。それまでプーチン首相は、大統領と首相の棲み分けを極力侵食しないように配慮していた。しかし、このプーチン論文は、国家戦略、外交の領域にかなり踏み込んでいる。論文を読んだロシア政治エリートは、プーチンがロシア国家の長であることを事実上、宣言したと受け止めた。

ちなみにメドヴェージェフ大統領は、11年10月8日に与党「統一ロシア」の活動家らと会見したときに、自らの首相就任について議論することに関し、「急ぐ必要はない。私には当面ほかの仕事がある」と述べた。

こういう表現でメドヴェージェフは、《まだロシアの大統領は俺だ。俺がロシア国家の主人だ》というメッセージを発しているのであるが、ロシアの政治エリートはまともに取り合わない。メドヴェージェフ大統領の任期は12年5月半ばまであったが、プーチンが出馬を表明した時点で、メドヴェージェフ体制はたちまちレーム・ダック（死に体）状態に陥った。ロシア国家の帝国主義的再編は、プーチン主導で進んでいった。

■プーチン論文から読み解く帝国ロシアの国家戦略

プーチン論文を分析すると、ロシアの国家戦略が手に取るようにわかる。プーチンは、論文の冒頭でこう宣言する。

〈2012年1月1日に、ロシア、ベラルーシ並びにカザフスタンの単一経済空間という最重要の統合計画が始まる。この計画は、過大評価でなく、三国のみならず、ソ連後の空間におけるすべての国家にとって、歴史的道しるべになる〉

プーチンは、ユーラシア同盟について「自由貿易体制を旧ソ連地域に導入する」というようなオブラートに包んだ発言をしない。ユーラシア同盟が、域外との間に障壁をつくる関税同盟であることを明確にする。世界経済の危機を、帝国主義的な経済ブロックを創設することによって乗り切ろうとするのがプーチンの国家戦略だ。

08年のリーマン・ショックを、プーチンは世界経済の構造転換ととらえる。プーチン論文では、〈今日、2008年に発生した世界的危機が構造的性格を帯びていることは明白である。現在、われわれはそれが激しく再発しているのを見る。問題の本質は、蓄積された地球規模の不均衡である。グローバルな危機後の発展モデル策定がきわめて難しくなっている。たとえば、ドーハ・ラウンドは、事実上、停止し、WTO（世界貿易機関）内部にも客観的な困難がある。自由貿易と開かれた市場の原則自体が深刻な危機に直面している〉と強調されている。そして、地域的な経済統合によってしか、危機を克服できないという認識を示す。プーチンはこれを「下からの（снизу、スニズー）」アプローチと名づける。

■プーチンの世界観

国際社会を分析するプーチンの視座は、主流派経済学（いわゆる近代経済学）に基づくものではない。マルクス経済学の国家独占資本主義論の影響を強く受けている。

プーチンをはじめ、1970年代にKGB第一総局でインテリジェンス・オフィサー（諜報機関員）としての基礎教育と訓練を受けた人は、国家独占資本主義論を徹底的に叩《たた》き込《こ》まれた。

レーニンの帝国主義論は、資本主義が発達すると金融資本が中心的役割を担《にな》うと考えた。そして資本と国家が結びつき、経済ブロックをつくり、植民地の再分割を求めて、必然的に戦争が起こると考えた。それだから、帝国主義国の侵略戦争を内乱に転化して、革命を起こすべきだとレーニンは主張した。

これに対して、１９６０年代からソ連で展開された国家独占資本主義論では、「戦争をすることができない帝国主義」という概念が用いられた。すでに東西両陣営が核兵器を保有しているので、それが本格的な体制戦争の抑止効果をもつとソ連の学者たちは考えた。また帝国主義国間でも、戦争という手段を取ると、社会主義陣営の後押しを受けた共産主義者、社会主義者が反戦運動を展開し、それが革命に発展する可能性がある。そこで、革命を阻止するために、国家と独占資本が手を握り、国家独占資本主義が成立する。

その結果、先進資本主義国では、国家機能が強化されるとソ連の学者は主張した。資本の論理に従って、労働者に対する搾取《さくしゅ》が強まると、革命が起きる危険がある。それを予防するために、国家が資本に介入して、格差是正政策や社会福祉政策を行うのだ。

また、帝国主義国間の経済的矛盾も、国家が乗り出すことによって調整を図る。米ソ両体制間、帝国主義諸国間の戦争は想定しがたいというのが、ソ連政治エリートの共通認識になった。仮に戦争が起こるとしても、それはアジア、アフリカ、中南米の局地戦にとどまり、主要国間の戦争はありえない。それだから、ソ連としてはアメリカ、西ヨーロッパ、日本などの帝国主義国と平和的共存が可能であると考えた（もっとも、この前提は2022年2月24日のロシアによるウクライナ侵攻で崩れた）。

1980年代後半、ソ連は、世界にアメリカ、西ヨーロッパ、日本の三つの帝国主義センターがあると規定した。プーチンの世界観は、これに少し変更を加え、21世紀の世界に、ロシア、アメリカ、EU（欧州連合）、中国、日本という五つの帝国主義センターがあり、その均衡によって国際関係が成立しているというものだ。

■ユーラシア同盟四つの特徴

プーチン論文の具体的内容を見ていこう。プーチンは、ロシア、ベラルーシ、カザフスタンの3国間では、関税が完全に撤廃されたことを強調する。プーチンは、〈2011年7月1日から、3国の国境から商品の移動に対する監視が撤廃された。（中略）現在、われわれは関税同盟から、単一の経済空間に向けた歩みを始めている。1億6500万人以上からなる、単一の法令と資本、サービス、労働力の自由な移動をともなう巨大な市場が形成されつつある〉と強調する。

そして、〈かつてヨーロッパ人は、欧州石炭鉄鋼共同体から完全なEUの段階に至るまで40年を必要とした。関税同盟と単一経済空間の形成は、ECやその他の地域的共同体の経験から学んでいるので、はるかに早くなる。われわれは、ECなどの地域共同体の強い面と弱い面を知っている。これは、過ちを避け、さまざまな官僚主義的障害が出現することを防止するうえでの利点だ〉と指摘する。

さらにプーチンは、関税同盟と単一経済空間にキルギスとタジキスタンが参加することを想定していると述べる。そのうえで、より高いレベルの統合形態であるユーラシア同盟(Евразийский союз、エヴラジスキー・ソユーズ)の創設を提案する。

ユーラシア同盟の特徴として、プーチンは以下の四点を強調する。

〈第一に、これはいかなる意味においてもソ連の復活を意味するものではない。すでに過去に置き去られてしまったものを復活したりコピーしたりしようとするのは軽率だ。しかし、新たな価値観に基づく政治的、経済的基盤の上での緊密な統合が時代の要請である。

われわれは、現代世界の極の一つとなることができ、ヨーロッパと躍動的なアジア太平洋地域の間で効率的な「連結体（связки、スビャースキ）」の役割を演じることができる、巨大な超国家的統合体のモデルを想定している〉

このプーチンの主張の基本になる思想がユーラシア主義だ。ロシアは、ヨーロッパとアジアの双方にまたがるユーラシア国家なので、独自の秩序と発展法則をもつという考え方だ。プーチンは、ソ連のようにユーラシア諸国を政治的に併合することは求めないが、ロシアを核とする共同圏をユーラシアに形成しようとしている。これは大東亜共栄圏と親和的な発想だ。

〈第二に、ユーラシア同盟は、ある意味で今後の統合過程の中心になる。それは、関税同盟、単一経済空間という既存の機構の段階的融合によって形成されるであろう。

第三に、ユーラシア同盟とＣＩＳ（独立国家共同体）を対立させるのは誤りだ。それぞれの機構は、ソ連後の空間において、自らの場所と役割をもっている〉

〈第四に、ユーラシア同盟は、開かれた計画である。われわれは、他のパートナー、まずＣＩＳ諸国が参加することを歓迎する。その際に、われわれは、焦ることも、あるいは同意を求めることも意図していない。独自の長期的国益を考えた国家の主権的決定でなければ

ばならない〉

ロシア政治エリートの帝国観の基本は、緩衝国家（バッファー）を設けることである。プーチン論文が書かれた２０１１年10月当時、ＣＩＳの加盟国はロシア、ベラルーシ、カザフスタン、キルギス、タジキスタン、ウズベキスタン、アルメニア、アゼルバイジャンの８ヵ国だった。ロシアが帝国の中心であるとすると、ユーラシア同盟とは「拡大された帝国」だ。

この「拡大された帝国」には、ベラルーシとカザフスタンが参加しているに過ぎない。プーチンは、ベラルーシとカザフスタン、キルギスとタジキスタン以外のＣＩＳ諸国を無理にユーラシア同盟に参加させてもロシアの国益に貢献しないと考えている。ユーラシア同盟に参加する意向を表明していないＣＩＳ諸国にとって、この同盟が魅力をもつ仕組みになることをまず目指すべきであるとプーチンは考えた。

■統合強化に乗り出した２０１１年のプーチン

エリツィン時代から、ロシア、ベラルーシを核にＣＩＳ諸国の統合を強化する計画は何度も採択されたが、実効性が担保されなかった。２０１１年、プーチン首相は本気でユーラシア同盟に向けた流れをつくり出そうとした。

11年10月18日、プーチンの出身地であるサンクトペテルブルクでＣＩＳ首相級会合が行われ、自由貿易圏創設に関する合意文書に署名した。10月19日、ロシア国営ラジオ「ロシアの声」（旧モスクワ放送）は本件についてこう報じた。


〈ＣＩＳに自由貿易ゾーン誕生に向け大きな一歩
18日、ＣＩＳ諸国の首相達は、ＣＩＳ首相評議会会議（著者註＊首相級会合のこと）を総括し、独立国家共同体の枠内に自由貿易ゾーンを創設することに関する条約に調印した。

これに先立ち、会議で発言したプーチン首相は「重要なのは、共同体の枠内の貿易経済関係において新しい基礎が作られるという点だ」と指摘し、次のように続けた――

「ＣＩＳ諸国が、自由経済ゾーン創設に関する条約に調印したのは１９９４年のことだった。しかし、ロシアを含め多くの国々が文書を批准しなかった。それゆえ、事実上、条約は機能しなかった。新しい文書の作成作業は、ほぼ９年間行われたが、２００９年から『大変集中的な形』で、それが続けられた。

条約は、調印国間の貿易経済関係の法的基盤の簡素化を規定し、現在共同体圏での自由貿易体制を定めている一連の多国間合意及び約１００もの二国間合意に代わるものとなる。」
ＣＩＳ首相評議会では又、ＣＩＳ諸国内での通貨調整や通貨管理政策の基本的原則についての合意や、２０２０年までの鉄道輸送の戦略的発展のコンセプトに関する決定にも調印がなされた。18日には全部で、28もの文書の調印が行われた〉

(http://japanese.ruvr.ru/2011/10/19/58955591.html)

プーチンは、過去にＣＩＳ諸国が締結した協定を、実効性が担保されるものに再整理したのだ。11年10月23日、「ロシアの声」が報じた「ユーラシア同盟理論から実際へ」と題する以下の論評が、プーチンの意図を的確に説明している。

〈最近のプーチン首相の演説のなかでは、特に旧ソ連地域での関係の強化が中心テーマとなっている。独立国家共同体（ＣＩＳ）の政府首脳らは、ＣＩＳの枠内での自由貿易ゾーンに関する条約に調印した。
プーチン首相は自らが大統領に返り咲く可能性について、けっして自らが望んだものではない、と語っている。というのも、国の指導者というものは膨大な量の仕事をこなさなくてはならず、大きな責任を背負わなくてはならないからだ。しかし、事を始めたからにはそれを最後までやり通さなくてはならないと述べた上で、大統領としての目的は、ロシア国民の生活を向上させるため、新しい現代的な基盤のもとにロシア経済を段階的に発展させ、多角化させることだとしている。

最近、西側のメディアを中心に、２０１２年の大統領選挙後のロシアが大きく変貌してしまうのではないか、という憶測が流れている。あたかもメドヴェージェフ大統領が国の「人道化」を推し進めてきたかのような捉え方がなされており、特に刑法と懲罰システムの改革においてそうだったとされている。一方で、西側ではプーチン氏が「強圧国家」の支持者であるかのように描かれている。プーチン氏はこの点について、ロシアの戦略的発展の問題に関しては、両者の立場が一致しており、政治における急激な変化はあり得ない、と指摘している。

またプーチン氏によるユーラシア同盟の提案が、西側ではソ連の復活をめざす帝国主義的な考えであるとされていることについては、すでに存在しているロシア、ベラルーシ、カザフスタンによる関税同盟、および統一経済圏を基盤とするものであることを指摘し、各国の主権は完全に維持されると述べている。

サンクトペテルブルクで開かれたCIS政府首脳会合でプーチン首相は、「ユーラシア経済同盟には大きな将来性がある。我々はそのような統合プロジェクトを一貫して実現していくつもりだ。」と述べ、続けて次のように語っている。

「最初に我々は関税同盟を創設しました。来年1月1日からは統一経済圏のメカニズムがスタートします。それに向けて、法制度に関する抜本的な整備が必要です。いままでのようなペースで今後も作業を進めれば、2015年を目途にユーラシア同盟に移行することが出来るでしょう。それはビザ制度を含む統合に向かうことです」

またCISの潜在力を発揮するということも忘れられてはいない。CIS各国の首脳は18日、自由貿易ゾーンについての条約に調印し、これについてはプーチン首相自身も驚きを隠せないでいる。これによって参加国の間で流通する商品の価格が抑えられ、生産における協力も可能となる。この条約は2012年1月に発効する予定で、各国経済の競争力を向上させることとなるだろう〉（http://japanese.ruvr.ru/2011/10/23/59200771.html）

▩２０１２年の大統領選挙で圧勝したプーチン

2012年3月4日に行われたロシア大統領選挙で、プーチン候補（当時、首相）が当選した。3月17日にロシア中央選挙管理委員会が発表した確定結果による各候補者の得票率と得票数は次の通りだ。

ウラジーミル・プーチン（首相、統一ロシア党首）63・60％（4560万2075票）
ゲンナジー・ジュガーノフ（ロシア連邦共産党議長）17・18％（1231万8353票）
ミハイル・プロホロフ（企業経営者）7・98％（572万2508票）
ウラジーミル・ジリノフスキー（ロシア自由民主党党首）6・22％（445万8103票）
セルゲイ・ミローノフ（公正ロシア党首）3・85％（276万3935票）

有権者数は1億961万8612人、投票総数が7170万1665票（うち、無効票が83万6691票）、投票率は65・41％だった。
12年3月4日23時（モスクワ時間、日本時間5日4時）にプーチンは、支持者の前に姿を現し、勝利宣言を行った。この模様についてロシア国営ラジオ「ロシアの声」（旧モスクワ放送）は、こう報じた。

〈ロシアのドミトリー・メドヴェージェフ大統領とウラジーミル・プーチン首相は、モスクワ中心部クレムリンに隣接するマネージ広場での支持者らの集会に登場した。そのなかでプーチン首相は、今回の選挙がロシアの政治的成熟さと独立性をテストするものとなったと指摘した。

「我々に対して、誰も何も押しつけることはできない。我々が勝利したのは、選挙民の大多数による支持のおかげであり、純粋な勝利を収めた」とプーチン首相はステージ上で宣言した。

マネージ広場で行われた集会には、プーチン氏の勝利を祝うため、11万人以上が押しかけた。

中央選挙管理委員会の資料によれば、大統領選挙ではプーチン候補が現時点で60％以上の得票となっている〉（http://japanese.ruvr.ru/2012_03_04/67532537/）

勝利宣言を行ったとき、プーチンの瞳から涙がこぼれた。プーチンは、感情を表に出さない訓練がよくできた政治家だ。公衆の面前で涙を流すことは珍しい。それくらい、再び大統領の座に返り咲いた当選がうれしかったのだ。

■「うんと悪い候補」と「とんでもない候補」を排除する選挙

プーチンが勝利宣言の演説を行っているときに、私はプーチン選挙対策本部の某幹部と電話でこんなやりとりをした。

佐藤「第1回投票で6割以上取れたじゃないか。圧勝だね」

友人「圧勝じゃないよ。苦しい勝利だったが何とかなるというのが実態だ」

佐藤「もっとも、対外的には圧勝だという発表をするわけだろう」

友人「もちろんだ。しかし、実際は国家機関を総動員しても、政権側に引き寄せることができるのは6割強に過ぎないということが明らかになった。この現実を踏まえて、今後の政治戦略を組み立てなければならない。マサルも知っているように、プーチンは国民から消極的に支持されているに過ぎない」

ロシアの民主主義観は、欧米や日本とは異なる。前にも述べたが、そもそも普通のロシア人は政治を悪と考える。ロシアの建国神話では、スラブ人（ロシア人の祖先）が自らを統治してくれる指導者を外部に求めて、ワリャーグ人（スカンジナビア人）から王を招いたということになっている。支配者は、民衆の外部にいる存在なのだ。

したがって、現在もロシア人には、「われわれの代表を政界に送り出す」という意識が稀《き》薄《はく》だ。政治は「あの人たち」の事柄であり、選挙では「悪い候補」「うんと悪い候補」「とんでもない候補」が上から降ってくる。そのうち「うんと悪い候補」と「とんでもない候補」を排除するのが、民主主義と考えている。

古代ギリシアの都市国家アテナイで行われた僭主《せんしゅ》（非合法に独裁制を樹立する支配者）になる可能性のある者を投票によって排除するというオストラキスモス（陶片追放《とうへんついほう》）の延長でロシア大統領選挙を観察すると、プーチンが圧勝した理由が明らかになる。

ジュガーノフはスターリンを尊敬し、ソ連体制の回復を訴えた。プロホロフは極端な新自由主義者であり、富裕層に対する優遇措置を公約にした。圧倒的大多数の国民は、エリツィン時代の新自由主義政策に対して忌避反応を示した。

ジリノフスキーは「日本が北方領土を要求するならば再び原爆を落としてやる」と放言して、ポピュリズムを活用し、権力基盤を拡大してきた。しかし、権力者と本格的に対峙《たいじ》することを避け、最終的には常に時の権力者の側に立つ。

ミローノフは与党「公正ロシア」の党首だ。「公正ロシア」の政策は共産党に近いが、メドヴェージェフ大統領とプーチン首相の批判をしない。政権に対する不満の受け皿としてつくられた政党だ。こういう候補者の中で、有権者は仕方なくプーチンに票を投じたに過ぎない。この現実を、プーチンを含む政権側政治エリートは冷静に認識していた。

ともあれ当初の目論見《もくろみ》通り、いったん大統領の座から退いたプーチンは、２０１２年に大統領再戦を果たした。さらに18年の大統領選挙でも当選し（任期は24年まで）、本稿執筆中の22年現在も大統領を務めている。「プーチン20年王朝」は彼の計画通りに完成し、「プーチン36年王朝」へと継続しようとしている。

第4章

北方領土問題

■小渕恵三総理からかかってきた電話

本章では、プーチンが北方領土問題とどのように向き合ってきたかについて考察する。はじめに、私が外務省に籍を置いていた時代の経験から書き起こしたい。

１９９９年の秋頃、齋木昭隆内閣副広報官（肩書きは当時、以下同）が、電話を小渕恵三《おぶちけいぞう》総理につないだ。小渕氏が一言目に何と言うか、私は緊張して受話器を握りしめていた。

「おう、お疲れ」

小渕総理のこの言葉を聞いて、ほっとした。小渕氏は機嫌がよいときは、部下に対して「お疲れ」と言う。これに対して、「ご苦労」と言うときは、小渕氏が部下の仕事に対して強い不満をもっていることを意味する。一般言語に翻訳すると、「お前にはもう仕事を頼まない。さがれ」というような意味だ。

「日曜日にあんたのＮＨＫのビデオを観《み》た。面白い。俺に説明するときよりもわかりやすかったぞ」

「ありがとうございます」

小渕氏が述べた「あんたのＮＨＫのビデオ」について、少し説明することをお許し願いたい。結論から言うと、チェチェン問題の意義について視聴者に伝えるとともに、ロシア外務省とクレムリン（大統領府）にメッセージを発出するために私はこの番組に出演した。

当時、ロシアではチェチェン情勢が緊迫していた。チェチェンの東隣、カスピ海に面したダゲスタン共和国の二つの村は、中東のイスラーム原理主義宣教団から資金援助を受け「独立国家」を宣言した。ここにチェチェンから武装勢力が流入し始め、チェチェンとダゲスタンに世界イスラーム革命を目指す拠点国家をつくろうとしていた。

99年8月16日にエリツィン大統領が、FSB（ロシア連邦保安庁＝国内秘密警察、KGB〈旧ソ連国家保安委員会〉第二総局〈防諜《ぼうちょう》・反体制派担当〉の後継機関）長官だったプーチンを首相に抜擢《ばってき》したのも、チェチェン平定作戦でのプーチンの業績を評価してのことだった。

その後、南ロシアやモスクワでマンションを爆破するテロが起き、数百名の死者が発生した。武装勢力からのプーチン首相に対する挑戦状だった。私たち外務省のインテリジェンス（諜報《ちょうほう》）・チームは、チェチェン情勢がロシアの国家体制に与える影響を徹底的に調査した。

その結果、チェチェン情勢に大きな変化が生じていることをつかんだ。

■第1次チェチェン戦争とハサブユルト合意

1994年12月に第1次チェチェン戦争が始まった時点では、チェチェンがロシア連邦からの分離独立を求める運動だった。96年8月のハサブユルト合意で、5年間の停戦合意がなされる。さらに「ロシアは、チェチェンは独立国であると主張していることに異議を唱えない」「ロシアが『チェチェンはロシア連邦の構成員である』と主張していることに、チェチェンは異議を唱えない」という玉虫色の合意がなされた。実質的にチェチェンの勝利である。チェチェンを実効支配しているのは、独立派だった。現状を維持することを認めたハサブユルト合意によって、ロシアが実態を追認した。

しかし、その後チェチェンでは静かに変化が生じた。反ロシアという形で団結していたチェチェン人の間で、民族独立を主張する独立派とイスラーム世界帝国を建設しようとする原理主義者の間で対立が生じたのだ。

サウジアラビアやヨルダンのイスラーム原理主義者から、武器、資金の援助を受ける原理主義者のほうが優勢になってきた。イスラーム原理主義過激派は、そもそも民族に価値を認めない。

チェチェン人は、伝統的に祖先崇拝、聖者崇拝を重視するが、原理主義者はそれを認めない。チェチェン人内部で武装対立が起き、死傷者が発生するようになった。過去にロシア軍と戦った独立派の有力者アフマド・カディロフたちが、「原理主義者よりはロシア人のほうがまだましだ」とモスクワに接近した。カディロフはチェチェン共和国首長に就任したが、2004年5月9日、チェチェンの首都グロズヌィで行われた対独戦勝記念式典の席上で、爆弾テロによって殺害された。

■ 1999年に実施された小渕総理とプーチン首相の日露首脳会談

小渕総理は、当初からチェチェン情勢に強い関心をもっていた。鈴木宗男内閣官房副長官が「チェチェン問題がロシア政局の最重要課題です」と日常的に説明していたこともあるが、政治家の勘として、チェチェン問題がロシア国家統合の鍵であると気づいていたのだ。この件について、印象的なエピソードがある。

1999年9月12日のことだ。ニュージーランドのオークランドで行われたAPEC（アジア太平洋経済協力会議）首脳会合で、小渕総理がプーチン首相と会談した。エリツィン大統領の健康状態がよくないので、名代としてプーチン首相が派遣されたのだ。プーチンにとっては、外交デビューの場だった。

会談は、小渕総理が宿泊するホテルにプーチン首相が訪れて行われた。首脳会談が行われる前には「発言要領」を作成する。その頃、中央アジアのキルギス共和国で、日本人の鉱山技師4名がウズベク・イスラーム運動という原理主義過激派によって拉致《らち》された。現地事情に詳しいロシアの協力も得ながら、日本政府は問題解決を図っていた。「発言要領」は、最近ダゲスタン共和国情勢が緊迫していることに憂慮《ゆうりょ》を表明し、チェチェン問題に関してロシア政府がとっている政策に理解を表明する内容になっていた。

もっとも、G7（アメリカ、イギリス、フランス、ドイツ、イタリア、カナダ、日本）のうち日本政府以外は、チェチェンにおけるロシアの人権弾圧に憂慮する姿勢を前面に出していた。日本政府は「人権に配慮してほしい」ということについては当然言及したが、それと同時に「チェチェン問題はロシアの国内問題だ」と強調し、ロシア政府の治安対策に好意的姿勢を示した。

87年から95年まで、私はモスクワの日本大使館で勤務していた。93年頃からチェチェンのドゥダーエフ独立派大統領の側近や、ベルギーに在住する親族と親しく付き合っていた。その関係で、ロシアの秘密警察から「いいかげんにしろ」と何回か警告されたこともある。

96年には、ヨーロッパ某国に亡命したチェチェン人民族独立運動活動家が東京にいた私を訪ねてきた。このときも東京のロシア大使館幹部から「佐藤さん、あなたは外交官なんですからね。最近、チェチェンからやってきた面倒な人と会っていませんか」と警告された。ロシア大使館の情報収集能力に驚いた。

とっさに「チェチェンから来た人とは会っていません。ヨーロッパから来たコーカサス系の人とは会いました。たぶん、その人はベルギー国籍をもっていると思います」と答えた。ロシア大使館幹部は、「今回だけは見なかった振りをしておきます。モスクワからの訓令で、チェチェン独立派関係者と日本政府職員が会った場合は、徹底的に抗議せよと言われていますす」と言った。私は「それはそちらの事情で、僕が誰と会うかは、僕が決めるので御配慮無用」と答えた。

■チェチェン問題を利用した北方領土問題の駆け引き

チェチェンでロシア軍が行っている蛮行については、いくつも具体的な話を耳にした。チェチェン側からではなく、ＳＶＲ〈ロシア対外諜報《ちょうほう》庁、ＫＧＢ第一総局〈対外諜報担当〉の後継機関〉高官から、次のような話を聞いたことがある。

ロシア軍が、チェチェン独立派に雇われているロシア人の女性スナイパー（狙撃手）を捕虜にした。将兵たちがその20歳代の女性の右手、左手、右足、左足にそれぞれロープをかけ、ジープで引っ張り、文字通り「四つ裂き」にしてしまったという。もちろん事件は闇から闇に葬《ほうむ》り去《さ》られてしまった。私が「あまりにむごいじゃないか」と言うと、ＳＶＲ高官はこう答えた。

「この女のライフルには、二十数個の印がナイフでつけられていた。ロシア兵一人を殺すことにつき印一つだ。戦友が殺されたんだ。これくらいのことをしないと現地部隊のガス抜きができない」

外務官僚だって人間だ。血もあれば、涙もある。チェチェンにおけるロシア軍の人権侵害、蛮行には憤《いきどお》りを覚える。しかし、外交戦略の組み立ては国家を主語にして行う。国益増進の観点から政策を組み立てるのが、外務官僚の職業的良心だ。

日本の対露外交の目標は、北方領土返還である。チェチェンの分離独立問題は、ロシアの国境線変更につながる。この問題をめぐって、国境の現状維持という気運がロシアの政治エリート、一般国民の双方に強まっていった。

ちなみに国境線変更とは、既に存在している国境を変更することだ。日露間には国境が存在しない。このことは、1998年11月に小渕総理とエリツィン大統領が国境画定委員会の設置に合意していることからも明らかだ。既に国境が存在しているならば、国境画定委員会を設置する必要はない。

ここで日本政府は、国境保全に神経質になっているロシア政府に理解を示す必要がある。そこで「チェチェン問題はロシアの国内問題である」がキーワードになる。この表現は「チェチェンはロシア領である」というエリツィン政権の立場を全面的に支持する意味をもつ。そのうえで「国際社会の中で、欧米諸国から人権外交でロシアに圧力をかけろと言われている中で、日本政府はロシアの立場に配慮している。それだから、一日も早く日露間の国境を画定しよう」と訴えていくのだ。

要は「日本はロシアにとって頼りになる仲間なのだから、早く北方四島が日本領であることを認め、両国の戦略的提携を強化しよう」という呼び水なのである。

■国際テロリズム・ネットワークの影

当時、日本国外務省がチェチェン問題をめぐりロシアに好意的姿勢をとったのは、北方領土交渉をめぐる思惑だけが理由ではない。プーチン首相は、中東、チェチェン、ダゲスタン、中央アジア、アフガニスタンに至るイスラーム原理主義過激派による国際テロリズムのネットワークが存在すると主張した。

アメリカやヨーロッパ諸国は、これはロシアによる虚偽宣伝であり、国際テロリズムなるものは存在しないと考えていた。もっとも2001年9月11日のアメリカ同時多発テロ事件後、欧米もロシアの主張は正しかったと見解を改めた。

私たち外務省のインテリジェンス・チームも、国際テロリズムというロシアの主張が成り立つか否《いな》かについて、徹底的に調査した。中東、ロシア、中央アジア、パキスタンなどの日本大使館から送られてくる秘密公電（外務省が公務で用いる電報）の内容を詳細に分析した。また、各国のインテリジェンス分析専門家たちと意見交換を重ねた。

その中で、イスラエルの専門家たちの見解がきわめて有益だった。イスラエルの専門家の国際テロリズムに関する認識は、プーチン首相とほぼ同一だった。もっとも、後に知ったことであるが、イスラエルとロシアは、国際テロリズムの調査・分析に関しては相当深い協力態勢をとっていたので、両国の分析が近似するのは当然だ。

プーチン首相との会談のための総理「発言要領」では、チェチェンと中央アジア、アフガニスタンのイスラーム原理主義過激派のネットワークが存在することを前提に、「貴国のチエチェン共和国からダゲスタン共和国へ武装分子が進入し、情勢が緊迫していることに憂慮する」という発言を用意した。

■1999年の小渕総理・プーチン首相会談

1999年9月12日、ニュージーランドのオークランドで行われた小渕・プーチン会談に話を戻す。双方がテーブルに就いて会談が始まった。5分くらい話をしたところで、小渕氏が発言をやめて、小声で「おい、鈴木……」と隣にいる鈴木官房副長官に話しかけている。私は長テーブルのいちばん端に座っているが、鈴木氏が目配せをするので、すぐに鈴木氏と総理のところに行った。

総理の「発言要領」を見ると「貴国のチェチェン共和国からダゲスタン共和国へ武装分子が進入し、情勢が緊迫していることに憂慮する」いう部分の上に赤鉛筆で二本線が引かれ、削除されている。小渕氏はこの部分を読むべきか、読まないべきか、鈴木氏に相談していたのだ。

鈴木氏が「佐藤さん、この部分は生きているな」と私に尋ねた。

私は、「もちろんです。最も大切な箇所です」と答えた。

小渕氏は、ダゲスタン情勢とチェチェン情勢について「発言要領」に即して発言した。ダゲスタンという言葉を聞いた途端、プーチンは身を乗り出してきた。プーチンのスイッチが入ったのである。

小渕氏のスタイルは、まず「発言要領」に即して、日本側として述べなくてはならないことをすべて述べる。途中で相手とやりとりすると、会談時間が限られているので積み残しが出るからだ。

小渕氏は、その後10分くらい発言を続けた。プーチンの発言の番になった。まず、プーチンはダゲスタン情勢についての小渕氏の認識と評価がきわめて適切であると述べた。そして、キルギスで拉致されている４人の日本人鉱山技師を救出するために、ロシア政府として全力を尽くして協力すると約束した。

プーチンは「われわれは、キルギスの犯人が誰であるかわかっている。総理がご所望ならば、教えてもいい」と踏み込んだ発言をした。これは、ロシアが秘密裏に入手した特別のインテリジェンス（情報）を提供するという意味だ。小渕氏はプーチンの発言に反応しなかった。会談後、鈴木氏がその理由を尋ねると、「そういう怖い話は聞かない方がいい」と小渕氏は答えた。

会談はうまくいった。プーチンは小渕氏に親近感と尊敬の念を抱いた。その後、北方領土問題で、プーチンがロシアとしても譲歩しなくてはならないという腹を固めた。そのきっかけとなったのは、オークランドにおける小渕氏との会談で、日本との戦略的提携が可能であるという認識をもったからだという話を、私は複数のプーチン側近から聞かされた。

同席したロシア外務省幹部から「佐藤さん、ダゲスタン情勢に関する発言について、小渕総理は最終段階で、鈴木さん、東郷さん、佐藤さんと最後の詰めをしていましたよね。意気込みが伝わりました。プーチン首相も好印象をもちました。エリツィン大統領にもこの会談の内容は正確に伝わります」と言われた。

小渕氏は、プーチンのスイッチを入れることに成功した。オークランドでのこの会談が、小渕氏の後継者である森喜朗氏とプーチンが信頼関係を築く土壌を作ったと私は考えている。仮に小渕総理が２０００年４月に倒れず、大統領に就任したプーチンと北方領土交渉を進めたのならば、別の展開があったかもしれない。

■NHKの番組に込めたメッセージ

１９９９年秋、ダゲスタン情勢をめぐってロシアが岐路に立っていた。もっともこの流れは、99年の初頭には見えていた。親しくするNHKの記者から、98年末にNHK教育テレビのETV特集で「混迷するロシア」という番組を放映したいので、協力してほしいと言われた。私は「チェチェン問題を中心にロシア人のアイデンティティ、国家意識に関する番組をつくるとよい」という意見を述べ、ロシアでの取材先についても具体的人物名を何人かあげた。「混迷するロシア」は1回45分で、99年11月22・23日の2回に分けて放映された。私はNHK国際部の石川一洋記者の質問に答える形で解説を行った。前にも述べたが、私は次のような趣旨の解説をした。

「チェチェン問題で、ロシアは国家体制存亡の危機に立っている。NATO（北大西洋条約機構）がポーランド、チェコ、ハンガリーに拡大することをロシアは西ローマ帝国の文明圏が復活することと受け止め、文明間対立という危機意識を抱いている。〝国家理念〟を明文化しようとした大統領の計画が、途中で中止されたのは、ロシア人のアイデンティティが揺らいでいるからだ。こういう状況で、ロシアの苦悩を理解し、そこから脱却するための協力を日本が行うことによって、日本との戦略的提携がロシアの国家体制強化に貢献するという意識をロシア人に植え付け、北方領土返還につなげていくべきだ」

私が込めたメッセージは、ロシア側に伝わった。パノフ駐日ロシア大使、ロシュコフ外務省書記総局長から、「実によい番組だ。この切り口から攻めてくると、こちらも真剣に対応せざるを得なくなる」と言われた。

小渕氏は、普段は忙しいのでテレビを観《み》る余裕などない。そこで、テレビ欄を見て興味をもった番組を録画し、休日に観るのだ。「混迷するロシア」を観た小渕氏は、私に電話をかけてきた。

「テレビでは、なかなかいい男に映っていたぞ。ハハッ」

「恐縮します」

「どうだ。それでロシア情勢はどうなるか。プーチンはうまくやっているんだろうか」

「プーチンはいまのところ強硬策一本で対処しています。住宅テロが起きている状況では、毅然《きぜん》たる姿勢を国民に見せる必要があります。しかし、どこかの時点でチェチェン人を懐柔しなくてはなりません。プーチンは頭がいいですから、チェチェン独立派の一部を味方に引き込んでいます。この流れを加速し、ロシアから分離しなければ、チェチェン人独立派のやることを認めるという戦略を組み立てているのだと思います」

「そうか。エリツィン政権の権力基盤は盤石か」

「エリツィン政権の権力基盤は基本的に安定していますが、盤石とまでは言えません。チェチェン全域とダゲスタン、イングーシの一部にロシア政府の実効支配が及んでいません」

「エリツィンはプーチンを後継者にするつもりか」

「すべてはチェチェン問題の処理にかかっています。プーチンがチェチェン、ダゲスタンの封じ込めに成功すれば、後継大統領になります」

「わかった。ロシアのことはあんたがきちんと見ていてくれ。ユダヤの人たちにもよく聞いてな。また電話するから。よろしく」と言って、小渕氏は電話を切った。

■エリツィン大統領の辞任とプーチンへの権力移譲

小渕氏の「ユダヤの人たちにもよく聞いてな」という発言には特別の意味がある。私はロシアからの情報だけでなく、イスラエルのロシア系ユダヤ人からつかんだクレムリンの内部情報を小渕氏に報告していた。小渕氏はこのイスラエル情報を高く評価していたのである。北方領土交渉に関して、再び小渕氏のスイッチが入ったことを私は実感した。私がその次に小渕氏と電話で話をしたのは、２０００年元旦未明のことだった。

１９９９年12月31日、エリツィンはプーチン首相を大統領代行に指名し、大統領任期を6ヵ月残して辞任した。辞任に関するテレビ演説が行われる前に、モスクワの協力者から私の携帯電話に、エリツィンの任期前辞任に関する連絡があった。私は、ただちに情報を東郷和彦・外務省欧亜局長、野中広務・自民党幹事長代理、鈴木宗男・自民党総務局長に電話で連絡し、情勢分析調書を作成し、外務省幹部、総理官邸、自民党本部に配布した。

元旦の午前2時過ぎ、鈴木氏から「あんた、少し手はあいたか。これからこっち（自民党本部4階総務局長室）に来ないか」と電話があったので、出かけることにした。外務省北口2階の通用門から出た。向かいの運輸省（現・国土交通省）側にはいつもタクシーが並んでいるのだが、元旦のせいか1台もない。仕方がないので、徒歩で自民党本部まで行った。

自民党本部4階に行くと、「平河クラブ」（自民党担当）の政治部記者に囲まれ、「ロシア情勢はどうなっているんですか」と尋ねられたが、「鈴木総務局長からの呼び出しなので、その質問には後で答える」と言って、総務局長室に入った。

鈴木氏に新年の挨拶をし、エリツィン辞任について最新のニュースを伝えた。鈴木氏は「小渕総理がいま官邸にいるので、佐藤さんから電話で直接説明してあげるといい」と言って、官邸に電話をつないだ。鈴木氏が「総理、いま外務省の佐藤さんが来ているので、ロシア情勢について説明してもらいます」と言って私に受話器を渡した。

■小渕恵三総理に乗り移った北方領土への執念

「おお、お疲れ。あんたの資料は読んだぞ。早いな」

小渕氏は、既に私が作成した調書を読んでいた。そこで私は、その後、モスクワとの電話で取材した追加情報や、ロシア国営イタルタス通信の情報をまとめて伝えた。そこで、小渕氏は鋭い質問をしてきた。

「次の大統領はプーチンで決まりか」

「そうです。決まりです」

「それで、プーチンになったら、日露関係は動くか。あんたはどう見ているか」

「日本側から仕掛ければ動きます。ただし、もう少し、プーチンの性格を観察する必要があります。いずれにせよ3月の大統領選挙まで、プーチンに外交に取り組む余裕はないでしょう」

「それまでは様子見ということだな」

「そうです」

「エリツィンが院政を敷く可能性はあるか」

「ありません」

「わかった。ロシア情勢については、細かいこともあんたがきちんと見ていてくれ。頼むぞ。それから鈴木にロシアのことはきちんと教えてやってくれ」

「わかりました」

北方領土交渉について、小渕氏のスイッチが完全に入った瞬間だった。

その後、小渕氏は、大統領選挙直後に鈴木氏に総理親書を持たせ、プーチンと会見させる計画を立てた。鈴木氏に与えられた使命は、4月末に小渕氏がモスクワを訪れ、プーチン次期大統領（大統領への正式就任は5月7日）と会談し、北方領土交渉の道筋をつけることだった。しかし、この計画を小渕氏の手によって実現することはできなかった。4月2日夜、小渕氏は脳梗塞で倒れ、意識不明の状態になり、5月14日に逝去したからだ。

4月2日午後、小渕総理が森喜朗氏に「これから北方領土問題を解決しようと思う。（自民）党としても全面的に支援してくれ」と頼んだ。このときの状況を、私は森喜朗氏から何回か聞いた。その話をするとき、森氏の目はいつも潤む。北方領土問題解決に向けた小渕氏の執念が、森氏や鈴木氏に乗り移った。そして、中堅官僚であった私にも少しだけ乗り移った。それだから、あれほど北方領土交渉に打ち込んだのだ。

北方領土交渉に関わることになった私は、エリツィン、プーチンの両大統領、大統領府第一副長官時代のメドヴェージェフ（後に大統領）と直接会話することになる。橋本龍太郎、小渕恵三、森喜朗という3人の総理のために、私は自らがもつ専門知識を提供していった。

■プーチンが柔道家としての仮面を前面に押し出した理由

プーチン大統領を分析するとき、私はいつもその表情に注目してきた。私の見立てでは、プーチンはいくつもの仮面をつけている。素顔を見せるときは一瞬しかない。そして、仕事をするときには絶対に素顔を見せない。これは対外諜報員としては美点だが、政治家としては損をする。

プーチンの情報に対する取り扱いには、典型的な対外諜報文化が表れている。プーチンはさまざまな情報を吸収する。そのうえでプーチン自身が何を考え、どのような行動をとるのか。そこを判断するヒントになる情報のフィードバックが、まったくない。プーチンに対して情報戦を仕掛けても「のれんに腕押し」「糠《ぬか》に釘《くぎ》」という感じだ。

あるタイミングで、プーチンからシグナルが出る。それは単なる観測気球ではない。プーチンは、ロシア国家としての基本戦略・戦術を既に決定しているのだ。

北方領土問題解決に関して、プーチン大統領の仮面を剝《は》がすことは不可能だ。仕事に絡《から》むことでは、プーチンは仮面を外《はず》さない。従って、われわれにできることは、日本の国益にとって最適の仮面をプーチンにつけさせることだ。そこから本気の話し合いを、膝をつき合わせて始めればいい。鈴木宗男氏が水先案内人として最適の役者だったため、森喜朗総理はプーチン大統領に、日本にとって役に立つ仮面をつけさせることに成功したのだ。

「プーチン大統領は柔道家だから親日的だ」と言う人がいる。私はこの見方は完全にずれていると思う。ソ連時代、柔道協会会長は常に内務次官が務めていた。ソ連・ロシアの内務省、諜報・防諜機関関係者は、柔道が職務の役に立つから使っているだけだ。

柔道を知っていることを「親日家」という表象に使うことができるから、プーチンはそれを最大限利用しているに過ぎない。柔道を北方領土問題解決の手掛かりにしようというのは、私の見立てではまったくカテゴリー違いの議論だ。

■1993年にエリツィン大統領・細川護熙総理が結んだ「東京宣言」

1997年11月のクラスノヤルスク非公式首脳会談は、橋本・エリツィンの個人的信頼関係を強化するという建て前になっていた。だが首脳外交の世界では、純粋な個人的領域など存在しない。

会話、食事、遊び、土産などのすべてに、お互いの国益を賭《と》したメッセージがある。97年11月当時、日露関係はこじれにこじれていた。「非公式」という体裁でないと本格的な交渉ができないというプラグマティック（実務的）な判断から、非公式な形でクラスノヤルスク日露首脳会談が行われた。

この場で「東京宣言に基づき、2000年までに平和条約を締結するよう全力を尽くす」という「クラスノヤルスク合意」が生まれた。

少し小難しい法律論の話になるが、ここで東京宣言について説明することをお許し願いたい。1993年10月13日、エリツィン大統領が細川護熙《もりひろ》総理と署名したのが東京宣言だ。北方四島の名前をあげて、四島の「帰属の問題」が平和条約交渉の土俵であることを定めた点で重要な外交文書だ。

四島が日本、ロシアのいずれに帰属するかについて、東京宣言では規定されていない。領土問題に関する部分を、少し長いが正確に引用する。

〈日本国総理大臣及びロシア連邦大統領は、両国関係における困難な過去の遺産は克服されなければならないとの認識を共有し、択捉島《えとろふとう》、国後島《くなしりとう》、色丹島《しこたんとう》及び歯舞群島《はぼまいぐんとう》の帰属に関する問題について真剣な交渉を行った。双方は、この問題を歴史的・法的事実に立脚し、両国の間で合意の上作成された諸文書及び法と正義の原則を基礎として解決することにより平和条約を早期に締結するよう交渉を継続し、もって両国間の関係を完全に正常化すべきことに合意する。この関連で、日本国政府及びロシア連邦政府は、ロシア連邦がソ連邦と国家としての継続性を有する同一の国家であり、日本国とソ連邦との間のすべての条約その他の国際約束は日本国とロシア連邦との間で引き続き適用されることを確認する〉

四島（択捉島、国後島、色丹島、歯舞群島）の帰属に関する問題を解決して平和条約を締結することに、日露両首脳は合意した。首脳が合意したということは、国家が合意したということだ。

■「東京宣言至上主義」の呪縛

ここでテキストの論理を正確に把握しなくてはならない。「四島の帰属に関する問題の解決」と「四島の日本帰属確認による問題解決」は別の概念だ。「四島の帰属に関する問題の解決」といっても、四島が日本領になるという担保はない。

東京宣言をめぐっては、信念ではなく論理が問題になる。論理的には「日4露0」「日3露1」「日2露2」「日1露3」「日0露4」の5通りがある。東京宣言を1000回繰り返しても、北方四島は日本に近づいてはこない。東京宣言の土俵の上で、どうやって北方四島を現実に日本に引き寄せるかが日本外交の課題なのだ。

そもそも1956年日ソ共同宣言第9項後段で、平和条約締結後の歯舞群島と色丹島の日本への引き渡しは約束されている。だからこれら2島の日本帰属については、既に日露間で合意済みであるという立場で、日本はエリツィン大統領に臨むべきだった。従って、東京宣言では残る「択捉島、国後島の帰属に関する問題を解決して」平和条約を締結する、とするのが筋だった。

ここであたかも歯舞群島、色丹島が係争問題であるかの如《ごと》き外交文書を作ってしまったのは、ロシアに対する日本の大きな譲歩だ。当時、外務次官を務めていたクナッゼ氏が2001年に私に「あそこで日本側があんなに簡単に譲歩するとは思わなかった」と述べた。

なぜ日本は譲歩したのか。エリツィン大統領の訪日直前、1993年10月3・4日に旧議会支持派が騒擾《そうじょう》事件を起こし、大統領側はホワイトハウス（国会）に戦車で砲弾を撃ち込み、公式発表でも約50名の死者が発生した。エリツィンの民主改革路線を支持することが要請されていた。日本政府としても、北方領土問題でエリツィン大統領を追い込むことは得策でないとの判断が働いたのであろう。

東京宣言以降3年間にわたって、日本国外務省は「東京宣言に基づき四島の帰属に関する問題を解決し、平和条約を締結する」というフレーズを呪文のように繰り返してきた。平和条約交渉の土俵を定めた文書を、あたかも日本への四島返還をロシアが約束した文書の如く解釈する「東京宣言至上主義」が生まれたのだ。だが呪文を何度繰り返し唱えたところで、北方四島領土は日本に近づいてこない。

■プーチンから出された重要なシグナル

もしもロシアが「北方四島の主権がロシアにあることを認めて、平和条約を締結したい」と提案しても、それは東京宣言違反にはならない。事実、プーチン大統領自身の指令によって、そのようなシグナルが出されたことがある。「朝日新聞」（２００５年10月1日付朝刊）の記事がその典型だ。

〈［2005年］11月に予定されているプーチン大統領の訪日を前にロシア政府は、北方領土問題で、4島がロシアに帰属することを確認する平和条約を結ばなければ、56年の日ソ共同宣言で約束した歯舞、色丹2島の日本への引き渡し交渉に応じないとの方針を固めた。ロシア外務省高官が［9月］30日、明らかにした。

プーチン大統領は［9月］27日のテレビ番組で「4島はロシアの主権下に置かれている。この点について議論する用意はまったくない」と発言していた。

これについて、同高官は［9月］30日、朝日新聞記者に「まず4島の主権がロシアにあることを平和条約で確定させる。その後、初めて2島引き渡しの交渉を始める。これが、ロシア政府として正式に確認した方針だ」と述べた〉

ロシアは露4、日0という形で「帰属に関する問題の解決」を提案しているに過ぎない。このようなロシアの姿勢に憤慨しても意味がない。これは感情や信念の問題ではなく、論理の問題だからだ。

■２００１年の森・プーチン「イルクーツク声明」に立ち返れ

ロシアの暴論に対して、日本が指をくわえて見ていなくてはならないわけではない。ロシアがハードルを上げてきたならば、日本もハードルを上げて「南樺太《からふと》（サハリン）と千島列島（ウルップ島からシュムシュ島までの18島）は、合法的に日本が実効統治していたわが国固有の領土だ。サンフランシスコ平和条約で日本はこれらの領土を放棄したが、ロシアがそこに居座る国際法的根拠はない」と国際社会に訴えればよい。

北方領土交渉が後退したときに、日本はどこのラインに立ち戻ればいいのか。２００１年3月25日、森喜朗総理がプーチン大統領と署名したイルクーツク声明のラインに戻ることが、国益にいちばん適《かな》うと思う。イルクーツク声明にはこう書かれている。

〈１９５６年の日本国とソヴィエト社会主義共和国連邦との共同宣言が、両国間の外交関係の回復後の平和条約締結に関する交渉プロセスの出発点を設定した基本的な法的文書であることを確認した。

その上で、１９９３年の日露関係に関する東京宣言に基づき、択捉島、国後島、色丹島及び歯舞群島の帰属に関する問題を解決することにより、平和条約を締結し、もって両国間の関係を完全に正常化するため、今後の交渉を促進することで合意した〉

この論理を整理すると、

①領土問題とは、択捉島、国後島、色丹島、歯舞群島が日本に帰属するか、ロシアに帰属するかを決めることだ。この帰属問題を解決した後に、はじめて平和条約を締結する。

②56年の日ソ共同宣言は、平和条約締結交渉の基本文書だ。従って、平和条約が締結された後にロシアが日本に歯舞群島、色丹島を引き渡すという約束は今も生きている。

――ということになる。平和条約が締結されないのは、国後島、択捉島が日本に帰属するか、ロシアに帰属するかが決まっていないからだ。だからこの問題を、首脳交渉によってきちんと解決する。実に簡単な論理構成だ。

論理的に見て、北方四島の日本帰属に向けて最も有利な外交文書が、イルクーツク声明であることは明白だ。まず感情から論理へと転換し、空想的四島返還論から現実的四島返還論へと転換し、日露首脳会談による北方領土交渉を一歩ずつ前に進めなければならない。

■「3・5島返還論」という不正確な報道

２００９年5月11～13日、ロシアのプーチン首相（当時）が公式訪日した。麻生《あそう》太郎総理との公式会談、森喜朗元総理、小泉純一郎元総理、小沢一郎民主党代表（当時）などとの会見を含む公式行事は、すべて5月12日に行われた。

5月12日の夕刻、「明日の昼、時間をつくってもらえないか。今回のプーチン訪日について率直な意見交換をしたい」という連絡があったので、13日昼、某所に出かけていった。先方は2人いた。そのうち1人は日露関係に通暁《つうぎょう》し、プーチン首相から信頼されている人物だ。もう1人は、戦略論の専門家だ。

指定された場所には、先方が先に着いていた。私が席につくと、日本専門家はすぐにこう言った。

「佐藤さん、今朝の『読売新聞』に掲載されたあなたのコメントを読みました。きわめて正しい分析です」

「読売新聞」に掲載された私のコメントは以下の通りだ。

〈◆厳しい姿勢示す
プーチン首相が麻生首相との会談で（「歯舞、色丹」両島返還を明記した）日ソ共同宣言に言及したことに着目すべきだ。あくまでも2島の返還が交渉のスタートラインであり、谷内正太郎政府代表が言及した「3・5島」といった譲歩はしないという、非常に厳しい立場を示す発言だからだ。「新たな独創的で型にはまらないアプローチ」に期待した麻生首相のシナリオは、練り直しを迫られた。
日本はむしろ新型インフルエンザに関してロシアとの協力を進めるべきだ。ロシアには生物兵器対策に関するノウハウがあり、ワクチン開発などの基礎技術にすぐれている。こうした相互理解の積み重ねが、領土問題を解決するための環境整備につながるはずだ〉
（09年5月13日付朝刊「読売新聞」）

日本専門家はさらにこう続けた。
「プーチンの戦略は、（2001年3月の）イルクーツク声明ですよ。1956年日ソ共同宣言で、ソ連が平和条約締結後に日本への引き渡しを約束した歯舞群島、色丹島が日本領になるという条件で交渉を始めるということです。それにしても、プーチン首相が一度も口にしていない『3・5島』などという恣意《しい》的な言葉が、日本ではなぜ独り歩きしているのでしょうか」

「プーチン首相と『共同通信』、『日本経済新聞』、NHKの会見に関し、プーチンが『3・5島返還論』に言及したとの不正確な報道がなされたからです」

「どういうことですか、プーチンは『3・5島』などとはひとことも言っていない」

「3・5島返還論」とは、北方四島の面積を2等分して、国後島、色丹島、歯舞群島に択捉島の一部を加え、領土問題の解決を図るという案だ。

真相はこういうことだ。日本でプーチン会見の全文は報道されていないが、2009年5月10日付で、ロシア首相府ホームページに全文記録が掲載されている。このホームページでは「5月10日」という日付が書かれているが、私が取材したところ、実際に会見が行われたのは5月7日夜であると判明した。

■北方領土についてプーチンが口にした「50対50」の意味

記者はプーチン首相に〈最近、日本政府において、諸島の面積を折半にし（пополам、パラーム）、このようにして領土問題を解決しようという考えに言及がありました。（中略）

これに対するあなたの反応はどうですか？　この問題を解決するためにあなたは何か妥協的な考えをしていますか？〉と質問した。
これに対してプーチン首相はこう答えた。

〈政治という芸術は、受け容れ可能な妥協を探求することにある。あなたがいま指摘した「50対50（50 на 50）」の提案に関しては、あなた自身が述べたように、日本政府はいまのところ自らの方針を正確かつ明確に固めていない。明確に固まっていない方針について私のコメントを求めることができるのであろうか？〉

記者の質問にも、プーチン首相の回答にも「3・5」とか「3・5島返還論」という言葉はないのだ。特にロシア語で「50対50」という場合、「引き分け」という意味がある。プーチン首相の発言については、そのまま「50対50」と記し、いわゆる「3・5島返還論」のことと思われると記者の解説をつければよい。だが日本での報道は〈（「3・5島返還論」については）日本の立場は固まっていないと理解している。この段階で反応するのは時期尚早だ〉（2009年5月10日付「日本経済新聞」）となってしまった。

これでは一般読者や国会議員に、プーチン首相が「3・5島返還論」という言葉を出してコメントしたと受けとめられても仕方がない。

外交は言葉の芸術である。特に北方領土問題をめぐっては、一つひとつの言葉が大きな意味をもつので、翻訳には正確さが必要とされる。

少なくとも日本国外務省が、外務大臣か外務報道官の記者会見の場で、「プーチン首相は『3・5島返還論』という発言はしていない。『50対50』という言い方が正確だ」と早い段階できちんと説明していれば、「3・5島返還論」が独り歩きすることにはならなかった。

■プーチン会見録から読み取れる重要なシグナル

私の理解では、このプーチン首相会見でロシア側は、新・帝国主義路線への転換に関する重要なシグナルを送ってきた。プーチン首相の発言を正確に翻訳しておく。

〈あなたがダボス会議（世界経済フォーラム）における私の演説を注意深く聴いていたならば、可能な限り保護主義を避けることが重要だと私が述べているとわかるはずだ。あなたは「可能な限り」という言葉に気づかなかったようだ。そして、この発言で、100パーセント市場を閉ざすような措置をとることはできないと言った。日本の基本的な貿易・経済の相手である米国のやっていることを聞いて、見てみなさい。私が理解するところでは、「アメリカ製品だけを買え」という法律が採択されているはずだ。事実上、現在、すべての国において、市場を閉ざす措置がとられている。もちろんこれがもっともよい手段とは思わない。しかし、国内経済のある部門、ある分野を救うために、これは不可欠だ〉

これを踏まえ、私はロシアの日本専門家にこう尋ねた。

「私が知る限り、プーチン首相もしくはメドヴェージェフ大統領が保護主義をここまで積極的に評価したことはない。主要国の首脳が、国内経済の特定部門を救済するために保護主義が不可欠だとあからさまに表現したことはないと思う。ロシアは自国の利益をあくまでも追求するので、その際、保護主義を採用して他国を犠牲にすることはやむをえないという新・帝国主義宣言をプーチン首相は行った。そう私は解釈していますが、間違えていないでしょうか」

「正しい解釈です。プーチンは、今回の訪日に満足しています。麻生総理、森元総理、小泉元総理、民主党の小沢代表、鳩山（由紀夫）幹事長、さらに日本の経済人もロシアとの戦略的提携に意欲的です。日露の戦略的提携の基礎は整っているとプーチンは判断した。この評価をプーチンはメドヴェージェフ大統領に伝えるでしょう」

「北方領土問題も動き出すでしょうか」

「動き出す可能性はある。ただし、それは日本側がどういう仕掛けをするかにかかっている」

と先方は述べた。

ある意味で、これは当然だ。ロシアとしては、社交上のレトリックはともかく、北方領土をロシアが実効支配している状態を変更する必要は感じていない。北方領土を取り戻そうとしているのは日本なのだから、日本国外務省がロシアを惹《ひ》きつけることができる提案を練るべきだ。

■パンデミック対策の共同研究で日露間の信頼醸成

「信頼醸成措置が必要でしょうか」と私が尋ねた。2人は「その通りです」とうなずいた。

そこで私はこう言った。

「ロシアは生物兵器に関する研究が進んでいる。その関係で、新型インフルエンザを含む感染症対策で日露両国の提携を進めることは信頼醸成に貢献するのではないか。プーチン首相も事前インタビューで、今年（２００９年）の秋から冬にかけて新型インフルエンザが流行するという見通しと、関係省庁にワクチンの製造を指示したという言及があった。これもシグナルではないか」

それに対して戦略論の専門家がこう述べた。

「確かに佐藤さんが言う通り、ソ連時代にわれわれは生物兵器の開発研究に力を入れていた。感染症についても、基礎、臨床ともにさまざまな研究がある。ロシアと日本が提携して、新型インフルエンザに対する特効薬を開発するというプログラムならば、信頼醸成にとても役立つ。また、両国の世論も支持することになる」

「そして、そのような協力を行うならば、ロシア側からはGRU（国防省参謀本部諜報総局）の関係者も必ず出てくる。北方領土の日本返還に最も強力に反対しているGRUとの間で信頼関係が構築されることも、領土交渉の環境整備になる」と私が述べた。

先方2人は、「佐藤さんは現役から離れてだいぶ経《た》ちますが、まだ勘は鈍っていませんね」と言って笑った。

某国とロシアの情報工作を、少し踏み込んで紹介した。この2国だけではない。新・帝国主義時代において、勢力均衡が外交ゲームのルールになる。従って、各国はさまざまなインテリジェンス工作を仕掛けて、自国にとって少しでも有利な状況をつくろうとしているのだ。

■「歴史的ピンポンに終止符を打つ」というプーチン発言

その後の２０１６年12月15日、山口県長門《ながと》市で、翌16日には、東京で行われた安倍晋三総理とプーチン大統領の首脳会談について、日本のマスコミの評価は厳しかった。「北方領土問題で何も成果がなかった」「経済だけを食い逃げされた」というような酷評が多いが、それらはいずれも間違えている。

日露首脳会談は大成功だった。日本もロシアも目標を達成したからだ。その目標とは、形式だけでなく、実質的に領土問題と経済協力を含む重要事項について交渉できる環境を整えることだ。

最も興味深いのは、12月15日、長門市での首脳会談で安倍総理が、北方領土の元島民からの手紙をプーチン大統領に渡したことだ。その中には、ロシア語で言かれた手紙があった。元島民という北方領土問題の当事者からの率直な想《おも》いにプーチン大統領は反応して、12月16日の共同記者会見でこう述べた。

「昨日（12月15日）、安倍首相と話をして、南クリル諸島（北方領土）の元住民の心に残る手紙を読んだ。私たちはあの島の『歴史的ピンポン』に終止符を打ったほうがいいと思う」

これは、プーチン大統領の北方領土問題解決に向けた重要な意思表明だ。それも、けっして空手形ではない。プーチン大統領の発言を注意深く読み解けば、北方領土問題の解決に向けた道筋が見える（これが読めないのは、ロシア専門家としてのレベルが基準に達していないということだ。そういう人たちの意見を真に受けても、状況を正確に把握することはできない）。

■プーチンがもつ政治家の顔、戦略家の顔、歴史家の顔

それではいったいどうやって、北方領土問題の解決に向けた具体的な道筋をつけるのか。2016年12月16日の共同記者会見における、プーチン大統領の発言を読み解いていこう。

「（安倍）首相の提案を実現していけば、この島は日露間の争いの種ではなく、日本とロシアを繋《つな》ぐ存在となる可能性がある。（中略）首相の提案とは、島での経済活動のための特別な組織をつくり上げ、合意を締結し、協力のメカニズムをつくり、それをベースにして平和条約問題を解決する条件をつくり上げていく。われわれは経済関係の確立にしか興味がなく、平和条約は二次的なものと考えている人がいれば、これは違うと断言したい。私の意見では、平和条約の締結が一番大事だ」

すなわち、歯舞群島、色丹島、国後島、択捉島で日露双方の法的立場を毀損《きそん》しない形態で

の経済協力を行うことで信頼関係を強化する。そのうえで、１９５６年の日ソ共同宣言で合意された平和条約締結後の歯舞群島、色丹島の日本への引き渡しの環境整備をしていくという考えだ。

ところで、プーチン大統領にはいくつかの顔（персона、ペルソナ）がある。政治家の顔、戦略家の顔、歴史家の顔だ。先ほどの「歴史的ピンポン」に終止符を打つとの発言は、政治家としての顔が顕在化した発言だ。

会見でプーチン大統領は日露関係の歴史について、１８５５年（安政元年）の日露通好条約から説き起こした。つまり、江戸幕府と帝政ロシアの平和的な交渉の結果、この条約で択捉島とウルップ島の間に国境線が引かれ、北方四島が日本領になったという日露関係の歴史的起点を示唆《しさ》するものだ。

１９５６年の日ソ共同宣言で、ロシアは歯舞群島と色丹島の日本への引き渡し義務を負っているに過ぎない。そのうえで歴史的、道義的に、日本が国後島と択捉島の領有に固執することには理解を示すという発言だ。ここでは、国後島、択捉島について、日本に引き渡すことはないが、何らかの譲歩をすることを示唆している。これは歴史家としてのプーチンの顔が顕在化した発言だ。

さらに日ソ共同宣言の履行《りこう》に当たっては、日本側は日米安全保障条約との関係で、ロシアの安全保障上の懸念《けねん》を払拭《ふっしょく》してほしいと、以下の言葉で示唆した。

「日本と米国の関係は特別です。日本と米国との間には安保条約が存在しており、日本は決められた責務を負っています。この日米関係はどうなるのか。私たちにはわかりません」

■「東京宣言至上主義」からの離脱

日米安全保障条約第5条では、日本の施政が及ぶ領域には米軍が展開できることになっている。ロシアが歯舞群島、色丹島を日本に引き渡した後、当然のことながら、これら2島は日本の施政下に入る。すると日米安保条約第5条を根拠に、アメリカ軍がこれらの島に展開する可能性がある。プーチン大統領はこのような事態が生じることを、ロシアの安全保障上の脅威と考えている。これは戦略家としてのプーチンの顔が顕在化した発言だ。

これらの宿題について、日露関係を包括的かつ戦略的に展開していくことで、北方領土問題を解決していこう——そういうシグナルを、プーチン大統領は合同記者会見の場で日本国民に対して伝えた。

安倍総理は、ロシアに対して譲歩の姿勢を示した。「四島の帰属に関する問題を解決して平和条約を解決する」という93年10月の東京宣言の内容を、安倍総理は一度も述べなかった。これは、四島の帰属問題に焦点を当てた「東京宣言至上主義」から、日本政府が離脱したことを示す重要なシグナルだ。

日露両国は、領土問題をまず解決するという「入り口論」から、包括的かつ戦略的な関係を発展させて、その結果として近未来に領土問題の妥協的解決を実現するという「出口論」に交渉方針を転換したのである。２０１６年12月の日露首脳会談の結果、北方領土問題が現実的に動き出す可能性が出てきた。

■２０２１年６月のプーチン大統領記者会見

２０２１年６月４日、ロシアのプーチン大統領が世界の主要通信社代表とリモートでの会見を行った。この会見では、共同通信の水谷亨《とおる》社長がプーチン大統領にロシア憲法改正と北方領土問題の関係について質問した。

〈ロシアのプーチン大統領は４日、北方領土問題に言及した上で、憲法改正で領土の割譲を禁止する条項が盛り込まれたことについて「考慮する必要があるが、日本との平和条約交渉を停止しなければならないとは思わない」との見解を示し、「交渉を継続する用意がある」と言明した。世界の主要通信社トップとのオンライン会見で共同通信の質問に答えた。

昨年［20年］7月の憲法改正以降、プーチン氏が日本との平和条約交渉の継続を明言したのは初めて。

プーチン氏は、北方領土問題で日本の主張が2島返還、4島返還と二転三転したと批判した上で、4島引き渡しについて「ロシアもソ連も一度も同意したことはない」と述べ、あり得ないとの認識を示した。

ロシアでは改正憲法で領土問題を巡る対日交渉が禁止されたとの主張が出ていた。ただ、プーチン氏の本意は領土問題解決ではなく、米欧との関係が著しく悪化する中、平和条約交渉を拒否して日本との関係も悪化させる事態を回避する判断とみられる。

プーチン氏は「日ロは戦略的に平和条約締結で利害が一致している」と強調、「両国民の利益に合致する善隣関係を築かなければならない」と述べた。

また、米国を念頭に「日本の同盟国が日本の領土にミサイル配備を計画しており、ロシアを脅《おびや》かす恐れがある」状況下で、「この〔領土〕問題をどう解決できるのか」と述べ、日米同盟と在日米軍を暗にけん制。日本はロシアの懸念に明確に回答していないと批判し、安全保障問題が平和条約交渉の障害になっているとの主張を繰り返した。

会見にはＡＰ通信やロイター通信、新華社など16社の社長らが参加。共同通信からは水谷亨社長が出席した〉（21年６月５日、「共同通信」）

20年７月のロシア憲法改正によって、ロシアが１９５６年の日ソ共同宣言で約束した歯舞群島と色丹島の日本への引き渡しは可能性がなくなった、とする有識者やマスメディア関係者の解釈は間違っている。

クレムリンやロシア外務省関係者が「クリル諸島を日本に引き渡すことはない。これら諸島について日本と交渉することはない。それはロシア憲法で禁止されているからだ」と言っても、日本側として反応する必要はない。クリル諸島を日本に引き渡さずに、日本を満足させる形で平和条約を締結することが可能だからだ。

２０１８年11月14日のシンガポール日露首脳会談で安倍晋三総理とプーチン大統領は「（１９５６年の）日ソ共同宣言を基礎に平和条約交渉を加速する」ことで合意した。日ソ共同宣言は両国の国会で批准された法的拘束力をもつ国際約束だ。

日ソ共同宣言第9項後段では、平和条約締結後にソ連が日本に歯舞群島と色丹島を引き渡すことが明記されている。ソ連の継承国であるロシアは、平和条約締結後にこれら2島を日本に引き渡す義務を負う。プーチン大統領はこの義務を履行することを何度も確認している。そのためには、今後の平和条約交渉で、クリル諸島の範囲を明確にする国境画定交渉が不可欠だ。

■歯舞群島・色丹島の2島返還プラスアルファ論

２０２０年7月に改正されたロシア憲法67条第2項でも、国境画定交渉が可能であると明示的に認められている。条文を正確に引用しておく。

〈ロシア連邦は主権と領土の一体性の擁護を保障する。ロシア連邦の領土の一部の割譲をもくろむ行為、同様にそのような行為を呼びかけることは認められない（隣国とロシア連邦の国境の画定［delimitatiya］、線引き［demarkatsiya］、再線引き［redemarkatsiya］を例外とする）〉

日ロ間の国境画定交渉は、ロシア憲法で明示的に認められているのだ。１９５１年のサンフランシスコ平和条約第2条c項で、日本は千島列島（英文ではthe Kurills lands［クリル諸島］）を放棄した。

条約締結当時の日本政府の認識では、クリル諸島に国後島と択捉島が含まれていた。この原点に立ち返り、「国後島と択捉島はクリル諸島に含まれるが、北海道の付属諸島である歯舞群島と色丹島は含まれない」という合意を今後の平和条約交渉でロシアに取り付ければ、「歯舞群島と色丹島は日本領」「国後島と択捉島はロシア領」という形で日ロ間の国境線画定ができる。

国後島、択捉島に関しては歴史的経緯と日本の国民感情を考慮して、ロシアが日本国民の渡航や経済活動を優遇する法的措置を取る。これによって2島返還プラスアルファが実現する。

2021年9月、ロシアでは国家院（下院）選挙が迫っていた。国内的要因もあり、日ソ共同宣言で約束した日本への2島引き渡しについて明示的に述べることが難しい状況の中、プーチン氏は6月4日の会見で「平和条約交渉を停止しなければならないとは思わない」という表現で歯舞群島、色丹島が日本に引き渡される可能性について強く示唆した。これはプーチン大統領から菅義偉《すがよしひで》総理（当時）に宛てたメッセージだ。

歯舞群島と色丹島がロシアから日本に引き渡された場合、両島は非軍事化し、米軍はもとより日本の自衛隊も展開しないという方針を定めることが重要だ。安全保障上の脅威が払拭されれば、プーチン大統領は領土引き渡しを決断する。

＊　＊　＊　＊

安倍晋三氏は、総理在任中プーチン大統領と実に27回も日露首脳会談を重ねた。安倍元総理による絶え間ない外交努力によって、北方領土交渉は着実に前進しているかに見えた。ところが周知のように、２０２２年2月24日にロシアがウクライナへ軍事侵攻し、3月21日、ロシア外務省は、日本との平和条約交渉を継続する意思がないという声明を発表した。日露関係は北方領土交渉どころではなくなってしまった。

第5章

クリミア併合

■２０１３年11月のウクライナ危機とヤヌコビッチ大統領の逃亡

２０１３年11月、ウクライナの首都キーウ（キエフ）のマイダン（ウクライナ語で「広場」という意味）で、市民によるデモ活動に火がついた。ウクライナ危機の勃発だ。ウクライナ危機を引き起こした原因は、ひとえにヤヌコビッチ大統領（10年2月〜14年2月在任）にある。ヤヌコビッチは、ウクライナとEU（ヨーロッパ連合）が自由貿易協定を結ぶことを決めた。ところがヤヌコビッチは手のひら返しをしてウクライナ国民を裏切り、13年11月に自由貿易協定締結の方針を撤回する。激怒した民衆は連日マイダン広場に集結し、一時は１００万人規模にまで拡大した。鎮圧を図るウクライナ治安部隊との間で、多数の死傷者が出た。

民衆の怒りは収まりがつかず、14年2月21日にヤヌコビッチは行方をくらます。2月23日、ウクライナ議会は所在が不明になっているヤヌコビッチ大統領の職務権限を停止し、22日に議会議長に就任したトゥルチノフを大統領代行に任命した。ウクライナ現地からの当時の報道は、ロシア語に堪能《たんのう》な記者二人（喜田尚《たかし》氏、西村大輔氏）を派遣していた「朝日新聞」が詳しい。

〈反政権派と治安部隊の衝突で多数の死者が出たウクライナの議会は［2月］23日、行方不明となったヤヌコビッチ大統領に代わり、前日議会議長に就任した野党「祖国」のアレクサンドル・トゥルチノフ氏を大統領代行に任命した。ヤヌコビッチ氏は議決により解任された。権力を議会が掌握した状態となり、ヤヌコビッチ政権は崩壊した。

ヤヌコビッチ氏の政敵で２０１０年の大統領選に敗れ、職権乱用罪で実刑判決を受けた同党のチモシェンコ元首相は22日釈放され、大統領選出馬を表明した。

トゥルチノフ氏は22日に与党出身の議長が辞任したのに伴い、新議長に選出された。当面、大統領代行と議長を兼任する。

トゥルチノフ氏は23日、「議会は25日までに新政府発足のための協議を始める」と語った。議会はヤヌコビッチ政権下で任命されたコジャラ外相を解任した。さらに、地方でのロシア語の公用語化を認める法律など、ヤヌコビッチ時代に成立した複数の法律を廃止。ヤヌコビッチ氏が辞任しないまま、議会を中心に政権移行を進める「革命」が進んでいる〉

（14年2月24日、「朝日新聞デジタル」）

■ウクライナ人の複合アイデンティティに目を凝らせ

２０１４年2月当時、ウクライナで進行していた事態は「革命」にほかならない。いわゆる「マイダン革命」だ。特に、地方でのロシア語の公用語化を認める法律を廃止したことが重要だ。この決定は、ウクライナの革命政権がロシアと距離を置き、欧米に接近する路線を選択することを示唆《しさ》している。

14年2月の革命の背景には、歴史的、文化的に根深い対立構造がある。反政権側は、西ウクライナ（ガリツィア地方）に基盤を置く民族主義勢力だ。帝政ロシア時代、ウクライナは「小ロシア」と呼ばれていた。現在も「自分は広義のロシア人だ」という自己意識をもっているウクライナ人は、ウクライナの東部や南部に少なからず存在する。また東部には軍産複合体や宇宙関連企業があるので、軍事的にも経済的にもロシアと緊密な関係を維持している。

これに対して、ガリツィア地方と呼ばれる西部は、歴史的にハプスブルク帝国の版図であり、同帝国解体後はポーランドに属していた。ガリツィア地方がソ連領ウクライナと統合されるのは、第2次世界大戦後のことだ。

ガリツィア地方のウクライナ人は、日常的にウクライナ語を話す。これに対して、東部、南部のウクライナ人は日常的にロシア語を話す。ウクライナ人の大多数は正教徒だが、ガリツィア地方のウクライナ人はカトリック教徒が多数派だ。

このガリツィア地方の人々はロシアを嫌い、EUとの統合を強く望んでいる。軍産複合体、宇宙関連企業と結びついた東部のウクライナ人は、ロシアとの連携強化を望む。また東部、南部では、ウクライナ人、ロシア人の意識が未分化な人も多い。ウクライナはけっして一枚岩ではない。国民のアイデンティティがまだら模様であることが、革命とウクライナ危機をもたらした。

■絶対に認められなかったウクライナのNATO加盟

ヤヌコビッチ前大統領は、ウクライナの東部地域の利益を代表していた。

〈議会での採決はヤヌコビッチ氏の与党「地域党」の多くの議員が賛成に回った。同党は［2月］18日からの3日間に80人以上が犠牲になった反政権派と治安部隊の衝突をめぐり、「すべての責任はヤヌコビッチ氏とその側近にある」とする声明を発表、同氏から離反した。

ヤヌコビッチ氏は22日夕に東部ハリコフでテレビに出た後、再び行方不明に。議会が新たに任命した野党出身のアバコフ内相代行は23日、前日に東部ドネツクの空港でヤヌコビッチ大統領を乗せた航空機が無許可で離陸しようとして国境警備隊に阻止されたことを明らかにした。一行はそのまま車で空港を去ったという。ドネツクはヤヌコビッチ氏の出身地。

また、ハリコフの市長は23日、「ヤヌコビッチ氏は国内にいない」と述べた。
国防省は22日、「いかなる形であれ、政治的な紛争に巻き込まれることはしない」との声明を発表した〉（2014年2月24日、「朝日新聞デジタル」）

国防省が政治的中立を宣言したことが注目される。政治の世界に純正中立は存在しない。このとき、ウクライナ軍は様子見をしていた。ヤヌコビッチ政権は崩壊しても、ガリツィア地方に基盤を置く親欧米勢力が勝利したことを意味するものではない。東部を基盤とする軍産複合体、宇宙産業、またロシア人との複合アイデンティティをもつウクライナ人は、ウクライナがNATO（北大西洋条約機構）に飲み込まれることになるのではないかという強い危機感を有していた。

西ウクライナのグループは日常的にウクライナ語を使用し、カトリックが多数派を占めている。いずれはウクライナを独立させ、ゆくゆくはNATOに加盟させ、ロシアと対峙《たいじ》する絵を描いていた。

一方、東ウクライナ人はロシア語を日常語とし、大多数が正教徒だ。「自分はロシア人だ」という民族意識をもった人が東ウクライナには大勢いる。そのような土地柄であるがゆえに、つまり「よもやウクライナがソ連から離脱することはないだろう」という見立てから、モスクワはソ連時代から東ウクライナに最先端の軍産複合体や宇宙関連企業を設置してきたのだ。ヤヌコビッチはそれらの産業利権の代表者だった。

「マイダン革命」の真っ最中、14年2月7日から23日にかけてロシアでソチ冬季オリンピックが開催された。2月23日にソチ五輪が閉幕するまでは、国際世論に対する配慮から、ロシアはウクライナに対する露骨な干渉を行っていなかった。

オリンピックが閉幕した直後の3月1日、ロシアはウクライナ南部のクリミア半島へ侵攻する。電撃作戦によって、ロシアはたちまちクリミアを実効支配した。

革命が成功したウクライナに親欧米政権が樹立され、ウクライナのNATO加盟を許すような事態になれば、ロシアの軍事、宇宙産業に関する機密情報がすべてアメリカに流れてしまう。

イランの核技術がウクライナから流出した事例からもわかるように、ウクライナが高い軍事技術を保有していることは明らかだ。もしもウクライナがNATOへの加盟に踏み切った場合、ウクライナ内部でクーデターを画策してでもロシアは全力で阻止しただろう。ロシアとしては、手荒いことをしてでも、なんとしてもウクライナのNATO加盟を止めなければならなかったのだ。

■ガリツィア地方＝西ウクライナの歴史をつかめ

ウクライナ情勢を理解するためには、日本ではあまり耳にしないガリツィア地方（西ウクライナ）についてしっかり押さえておく必要がある。先ほど簡単に触れたガリツィア地方について、詳しく読み解いていこう。

もともと「ウクライナ」とは、ロシア語やスラブ諸語で「地方（田舎）」あるいは「国」という意味だ。ウクライナという言葉を、ウクライナ人は自分たちのアイデンティティと結びつけるようになった。もっともウクライナの民族主義者は、「『ウクライナ』とはそもそも『地方』ではなく、『土地』や『国家』という意味だ」と主張する。

ロシアでは狭義《きょうぎ》の「ロシア人」と、ベラルーシ人やウクライナ人なども含んだ広義の「ロシア人」と二通りの概念がある。狭義の「ロシア人」では、現在のロシア人のことを「大ロシア人」、ベラルーシ人のことを「白ロシア人」と呼ぶ。それに対して、ウクライナ人は「小ロシア人」と呼ぶ。

前述のように、現在のウクライナの西部に位置するガリツィア地方は、歴史的にはハプスブルク帝国の版図であり、帝国の解体後にはポーランドに属していた。ガリツィア地方がソ連領ウクライナに統合されるのは、第2次世界大戦後だ。つまり1945年に赤軍が入ってくるまで、ガリツィアがロシア領になったことは一度もない。

もともとウクライナ語はウクライナ全域で使われていたのだが、18世紀後半から19世紀にかけて、当時のロシア帝国が強力なロシア化政策を推し進める。公用語としてのウクライナ語を禁止し、ウクライナ語の新聞も廃止させた。

その結果、ロシア帝国領だったウクライナ東部や南部では、ウクライナ語は農村部のみで使われるようになる。それも文字ではなく、農民が日常的にやりとりをするための話し言葉として、ウクライナ語が使われた。

一方、ハプスブルク帝国の版図だったガリツィアでは「高級なウクライナ語」がそのまま生き残る。書き言葉や新聞や大学教育という形で、しっかりしたウクライナ語が文化として残った。これは、当時のハプスブルク帝国が多言語主義を採用していたことが大きい。

■ウクライナでの歴史的な宗教対立

ウクライナをめぐる対立については、もう一つの重要なファクター（要因）がある。それはキリスト教だ。話は宗教改革にまでさかのぼる。

16世紀にヨーロッパで始まった宗教改革の影響は、ポーランドやチェコ、ハンガリーにも波及した。特にチェコ地域では、カルヴァン派の影響が強かった。この流れに危機感を強めたカトリック側、つまりローマ教皇庁は、トリエント公会議を開いてカトリックの立て直しを図る。その中心的な役割を果たしたのが、フランシスコ・ザビエルやイグナチウス・ロヨラを中心としたイエズス会だ。

イエズス会は実質的に軍隊と言ってもよく、その軍事力を背景にプロテスタントの打倒を目指して「プロテスタント征伐十字軍」を仕掛ける。ところが彼らは強すぎて、プロテスタントをすべて駆逐した後に、ロシア正教の領域まで侵攻してしまった。

いくらイエズス会から圧力をかけられても、ロシア正教徒は自らがとりおこなってきた伝統や儀式をそう簡単に改めようとしない。イコン（聖画像）を掲げて拝む、お香を焚《た》きながら儀式を行う、下級司祭の結婚を認めるなど、ロシア正教の習慣を残そうとして、必死に抵抗した。

ロシア正教には、司祭に「キャリア組」と「ノンキャリア組」がある。ノンキャリアは婚姻可能であり、結婚して各地域に勤務する。キャリアは修道院や大教会に勤務するが、結婚はできない。ちなみにカトリック教会では、聖職者全員が結婚できない。プロテスタント教会は牧師全員が結婚できる。

ロシア正教が自らの習慣を残そうと抵抗を続けたため、ローマ教皇庁は妥協案として特別の宗派を創設した。新しい宗派では、結婚も儀式は従来通りでかまわない。ただし「ローマ教皇が一番偉いという教皇の首位権」、そして「聖霊が父および子（フィリオクエ）から出ずるのかという神学上の議論を認めること」、この二点のみが求められた。

要するに、形はロシア正教のままだが、バチカンとつながっている特殊な教会を使って、ロシア全域への影響を強めようとした。こうして誕生したのが「東方典礼カトリック教会」あるいは「ユニエイト教会」などと呼ばれる教会だ。ロシアとバチカンが今日でも緊張関係にあるのは、こうした歴史上の経緯があるためだと知ってほしい。

１９４５年、ロシアはユニエイト教会を強制的にロシア正教会に併合した。言葉も宗教も違うため、ガリツィア地方ではテロや武装闘争といった形で激しい抵抗運動が起こる。その運動は50年代まで続いた。

ソ連はＫＧＢ（旧ソ連国家保安委員会）と軍隊を送りこみ、抵抗する人々を次々と殺害するか強制収容所に送りこんだ。そのため多くのウクライナ人が、この時代に祖国から亡命している。

主な亡命先はカナダだ。カナダではエドモントン周辺を中心に、１２０万人ほどのウクライナ人が住んでいる。アメリカ在住のウクライナ人は89万人、ロシア本国在住のウクライナ人が240万人であることから比較しても、いかにカナダで暮らすウクライナ人が多いかがわかる。ちなみにカナダで最も多く使われている言語は英語、二番目がフランス語、三番目はウクライナ語だ。この事実は、西ウクライナからカナダへいかに多くの人々が亡命したかを示している。

■ウクライナ語を自由化するための民族解放運動

ロシア語とウクライナ語では、同じキリル文字でも微妙に異なる。ウクライナ語のG（ゲー）は、鉤《かぎ》が上に向いたロシア語にはない文字を使う（Гやг）。スターリン時代は、この文字を使ったとたんに強制収容所行きだった。ゴルバチョフが登場するまで、ウクライナのナショナリズムはかなり抑えられてきた。

ゴルバチョフの時代を迎え、ソ連が崩壊していく。そのプロセスの中で、西ウクライナを中心として、ウクライナ語の解放を訴える激しい民族解放運動が起きる。その中心になったのが「ルフ（ウクライナ語で「運動」の意味）」だ。特にウクライナ民族至上主義の傾向をもったグループが「西ウクライナ・ルフ」だった。

「西ウクライナ・ルフ」の基本的な考え方は「ウクライナが独立した際には核兵器を保全しな

がら、大国としてロシアに対抗していく」という強硬なものだ。２０１４年2月のウクライナ「マイダン革命」を主導した反体制派の中心は、この西ウクライナグループの流れを引く。彼らは祖国をロシアから完全に切り離し、純粋なウクライナを構築したいという強い願望をもっていた。「マイダン革命」の背景には、こうした歴史的・文化的な根深い対立構造があるのだ。

■スターリンが弾圧したクリミア・タタール人

２０１４年3月にロシアが併合したクリミア半島では、ロシア人とウクライナ人、クリミア・タタール人が三つ巴《みどもえ》の対立関係にあった。ここは歴史的経緯がきわめて複雑な地域だ。

クリミア・タタール人（ロシア連邦内のタタールスタン共和国に居住するタタール人とはまったく別の民族）は、この地域にもともと住んでいた民族だ。第2次世界大戦末期の１９４４年、スターリンによって「対敵（ナチス・ドイツ）協力民族」というレッテルを貼られ、彼らは中央アジアに強制移住させられた。

その後、ロシア人やウクライナ人がクリミアに入植した。この当時、クリミアはロシア共和国に属していた。54年、当時のフルシチョフ・ソ連共産党第一書記が、クリミアをロシアからウクライナへ移管する。

60年代末から、クリミア・タタール人に対する追放が段階的に解除された。本格的にクリミア・タタール人がクリミア半島に帰還したのは、ゴルバチョフ・ソ連共産党書記長による「歴史の見直し」が進められた80年代末のことだ。クリミアには既にロシア人やウクライナ人が居住していたために、土地をめぐってタタール人とロシア人・ウクライナ人の関係が緊張していく。

91年12月のソ連崩壊後、クリミア半島の軍港セバストポリの帰属をめぐって、ロシアとウクライナの関係が緊張した。また、クリミア・タタール人の間にイスラーム原理主義過激派の影響が及び始めた。さらにコサック（軽火器で武装している）もクリミアに拠点を据え、親ロシア運動を展開していく。いずれの勢力も、欧米や日本の民主主義とは別の価値観で動いていた。ウクライナ危機を考える際には、このような歴史的経緯を踏まえる必要がある。

▩クリミア併合当時の現地レポート

2014年3月のクリミア併合当時の情勢について、「朝日新聞」山尾有紀恵記者の現地報告が優れている。

〈[3月] 2日午前、沿岸部の都市セバストポリへ向かう幹線道路。対向車線を20台以上の軍事車両が隊列を組んで走ってくるのが見えた。記者は車で後を追った。

車列は機関銃を搭載した車両が少なくとも4台。担架を積んだ救急車両や物資を運んでいるとみられる車両、1台あたり約40人の兵士らを乗せた大型トラック十数台も見えた。兵士らはヘルメットと防弾チョッキを身につけている。車両には国旗など所属を示すものは確認できなかった。ほとんどの車両はナンバーが外されていたが、一部はロシアのものをつけていた。

（中略）車列は、第2次世界大戦の戦勝国首脳らが会談したことで有名なヤルタ方面へ。幹線道路を10キロほど進んだ後、草原地帯へ続く細い道に入る。その先にあったのは、ウクライナの国旗を掲げた軍基地だった。「第36基地」と呼ばれるウクライナ軍の拠点で、主に沿岸部の警備を担当しているという。

兵士らは装備を整えると、基地の周りを取り囲んだ。基地の出入り口の向こう側では、武器を携えたウクライナ軍兵士が配置についているのが見える。そのままにらみ合いが続いた。基地の司令官は記者団に「ロシア軍側と15分会談した。武器を引き渡すよう求められたが拒否した」と語り、現状を平和的に保つことで一致したと明らかにした。ウクライナ政府の代表がモスクワを訪れ、解決策について協議するという。

隙を見て追跡してきた兵士の一人に話しかけると、ロシア語で「数日前にモスクワから来た」と教えてくれた。「グルジアにも行ったし、ここに来たくはなかった。ロシア住民を守れという指令が出ているので仕方がない。戦わずに早く帰りたい」〉(14年3月3日、「朝日新聞デジタル」)

この記事における現地の軍人同士の交渉で「現状を平和的に保つことで一致した」という情報が貴重だ。これはロシアから「ウクライナ軍を実力で武装解除せよ」という指令が出ていないことを意味する。ロシアのプーチン大統領は強気の姿勢を示すことで、ウクライナ軍に、ヤヌコビッチ前政権、キーウを掌握した現政権の双方に対して中立的姿勢をとらせることを意図していたのであろう。

■排外主義と反ユダヤ主義を煽動するウクライナの民族主義者

クリミアにはロシアのセバストポリ軍港があり、ロシア国籍をもつ住民が多い。ロシアがクリミアを併合した根拠は「自国民保護」だ。これは典型的な帝国主義的発想であり、現行の国際法体系に矛盾する。

もっとも旧ソ連は、過去にもこのような主権侵害を行ったことがある。1968年8月、当時民主化運動が進んでいたチェコスロバキアに、ソ連軍を中心とするワルシャワ条約機構5ヵ国が侵攻した。このときソ連が唱えたのは、「社会主義共同体の利益が脅《おびや》かされる場合に、個別国家の主権が制限されることがある」という制限主権論だ。

この制限主権論は、当時のソ連共産党書記長の名を取って「ブレジネフ・ドクトリン」と呼ばれた。悪名高い「ブレジネフ・ドクトリン」の亡霊を、プーチン政権は「ロシア国家の利益が脅かされる場合に、近隣諸国の主権が制限されることがある」という形で甦《よみがえ》らせた。こういう近視眼的行為が、ロシアの国益を大きく毀《き》損《そん》することがプーチン政権には見えていなかった。

そのうえで申し上げたい。「マイダン革命」と呼ばれる政変によってウクライナの権力を奪取した勢力も、けっして欧米や日本と価値観を共有する民主派ではなかった。特に、西ウクライナのガリツィア地方に基盤をもつ民族主義勢力には、排外主義的傾向が強い。アンティ・セミティズム（反ユダヤ主義）を煽動《せんどう》する者もいる。

ウクライナ政権に、ステパン・バンデラ（1909～59年）を崇拝するウクライナ民族至上主義者が加わっていたことは事実だ。ステパン・バンデラは一時期ナチスドイツに協力し、ユダヤ人、ポーランド人、スロバキア人、チェコ人の虐殺に従事した。欧米の報道だけを信用していると、この勢力の危険性を過小評価してしまう。

■クリミア自治政府による2014年3月の住民投票

2014年2月のウクライナ政変（マイダン革命）によって、ウクライナ中央政府の民族主義勢力の影響が、ロシアの軍港セバストポリがあるクリミアにまで及ぶことをプーチンは恐れた。そこでキーウの新政権の実効支配が及ぶ前に、クリミア全域にロシア軍を展開して牽制《けんせい》した。さらに3月30日、クリミア自治政府が独立に関する住民投票を行う流れをつくった。住民投票の日取りは、3月16日へと前倒しされた。「朝日新聞」の報道を引用しよう。

〈クリミア議会、ロシア帰属求める決議　16日に住民投票

クリミア自治共和国の親ロシア派のアクショノフ首相は「クリミアの独立」を飛び越えて、一気にロシアへの併合を求める方針にかじを切った。住民投票は、当初「ウクライナの中で、国家としての独立性を持つことに賛成するか」という内容が予定されていた。それが突然、「ロシアの一部になること」の是非を問う質問へと変更された。

議会はさらに、住民投票の結果を待つことなく、ロシアへの帰属を決議した。この日記

者会見したテミルガリエフ第1副首相は「我々はすでにロシアの一部だ」と言い切った。「住民投票で信任されれば、1、2ヵ月以内に住民はみなロシアのパスポートを持ち、通貨ルーブルを使うようになる」「ウクライナ軍は平和的に撤退できる」とも語った。

住民投票の日程も、当初は5月25日が予定されていたが、いったん3月30日へ、さらに今回3月16日に繰り上げられた。テミルガリエフ氏は「正統性のないキエフの政権が、クリミア住民の生命を脅かしている。早い決断が必要だ」と説明した。ロシア軍と見られる武装部隊については「住民投票まで平和維持にあたる」と語った。

ロシアのプーチン大統領は4日に、クリミアを併合する考えはないと語っていた。しかし、共和国の前のめりの姿勢の背景には、ロシアからの後押しがある可能性もある。プーチン氏は6日、安全保障会議を開いて対応を協議した。ロシア下院は、クリミア併合のために必要な法案の検討に着手した。

クリミア半島の住民はロシア系が多数を占めており、多くはウクライナのヤヌコビッチ前政権が法的手続きを経ずに倒れたことに不満を抱いている。住民投票では、ロシアへの帰属を求める意見が多数を占めるのはほぼ確実とみられる〉（14年3月6日、「朝日新聞デジタル」）

■住民投票のクリミア半島にロシアが「自警団」を派遣した理由

２０１４年３月16日、ウクライナのクリミア自治共和国で住民投票が行われ、クリミアのロシア編入が支持された。この結果を受けて３月18日、ロシアのプーチン大統領とクリミア自治共和国政府代表者は「クリミア自治共和国並びにセバストポリ市のロシア連邦への編入に関する条約」に署名した。

この日、ロシアのプーチン大統領は連邦院（上院）議員、国家院（下院）議員、クリミアの代表者の前で演説した。プーチン大統領は次のように述べた。

「今日、われわれは、われら全員にとって死活的に重要な意味と歴史的意義をもつ問題に関連して集まった。16日、クリミアで住民投票が行われた。それは、民主主義的手続きと、国際法規範に完全に従って行われた。投票には82％以上が参加した。96％以上がロシアとの統合に賛成した。この数字はきわめて説得的である」

しかし、「自警団」という名の国籍不明軍（実態はロシア軍）がクリミアを実効支配する中で行われた住民投票の結果を、国際社会は認めない。プーチン大統領を含むロシア指導部は、クリミアを編入することによってロシアに対する国際的非難が強まることを十分認識していた。クリミアの民意を考えるならば、ロシアが軍を展開せず完全に自由な環境で住民投票を行っても、圧倒的多数の有権者がロシア編入に賛成票を投じたはずだ。

一方、ウクライナ新政権は、クリミア自治政府が新政権に対して強い不安と脅威を覚えていることを知っていた。そのような状況で、キーウから新政権幹部と武装した特殊部隊がクリミアに派遣され、自治政府と議会を掌握し、住民投票ができなくなる危険性があるとクリミア自治政府が判断した。

自治政府の要請を受けて、ロシアは「自警団」を支援するという形で軍をクリミアに秘密裏に派遣したのだろう。これは外形的には、ソ連軍が１９５６年にハンガリー、また１９６８年にチェコスロバキアを侵攻したときと似ている。ただしハンガリー人、チェコ人、スロバキア人は、ソ連軍の介入を望んでいなかった。対してクリミアの住民は、ロシア軍の介入を望んだ。ここに無視できない違いがある。

■プーチンによるクリミア併合の既成事実化

「クリミア自治共和国並びにセバストポリ市のロシア連邦への編入に関する法律」は、２０１４年３月20日にロシアの国家院（下院）、翌21日に連邦院（上院）で承認された。ロシアは、クリミア編入の既成事実化に成功した。理由は以下の四点だ。

第一に、クリミア住民の大多数（ロシア人だけでなくウクライナ人の大多数も）が、クリミア自治共和国のロシアへの編入を望んでいたからだ。

第二に、クリミアはウクライナよりもロシアとの結びつきのほうが強いという歴史的経緯を、クリミア住民とロシア本国の圧倒的大多数の人々が信じていたからだ。

第三に、ウクライナの新政権が、クリミアの離脱を阻止する軍事力をもっていなかったからだ。

第四に、アメリカがウクライナに武器供与や軍事顧問の派遣を行うなどの軍事援助を行う余裕がなかったからだ。

プーチン大統領は、ウクライナをめぐる状況を総合的に判断したうえで「ロシアによるクリミア編入を国際社会は最終的に受け入れざるを得なくなる」と見ていた。それだからプーチン大統領は、14年3月18日の演説で次のように述べたのだ。

「現在、ヒステリーをやめ、『冷戦』のレトリックを拒否し、明白な事柄を承認する必要がある。ロシアは、国際関係の自立した、積極的な参加者だ。他の諸国と同様にロシアには、考慮せねばならず、尊重しなくてはならない国益がある」

「考慮せねばならず、尊重しなくてはならない国益」のためには、近隣諸国の領土を併合しても構わないというのは、典型的な帝国主義者の発想だ。

既存の国際法規範に反する形で自国の領土を拡大するロシアの行動を是認することはできない。しかし、それゆえにウクライナの当時の政権のやり方が正しいことにはならない。いずれにせよ、14年のウクライナ危機をきっかけに、国際社会は帝国主義的傾向をいっそう強めた。

■2014年9月の第1次ミンスク合意

2014年、クリミアと同様に、マイダン革命で誕生した新政権に反発したウクライナ東部（ドネツク州、ルハンスク州）の親ロシア派武装勢力と、同国中央政府の間で紛争が起こった。同年9月5日、ベラルーシの首都ミンスクで、同国中央政府と親ロシア派武装勢力が停戦協定に合意（第1次ミンスク合意）。9月16日、ウクライナ最高会議（国会）が、ドネツク州、ルハンスク州に期限付きで自治権を付与する決議を採択した。

〈【モスクワ＝遠藤良介】ウクライナ東部の紛争をめぐり、同国最高会議（議会、定数450）は16日、東部ドネツク、ルハンスク両州の特定地域に、3年間に限って大幅な自治権を付与する法案を賛成多数で可決した。独自の「民警」を持つ権限を与えるほか、12月7日に地方首長や議会の選挙を行うことなどを定めている。同国政権と親露派武装勢力の和平合意に盛り込まれていた東部の「特別な地位」を具体化するもので、親露派が受け入れるかが当面の焦点となる。

法案には他に、(1)地元検察と裁判所の人事への関与(2)ロシア語を使用する権利の尊重(3)ロシアの自治体との関係強化(4)復興に向けた特別措置の導入—といった内容が盛り込まれた。適用範囲となる「特定地域」は2州の州都など親露派の支配領域を指すとみられる。法案には277議員が賛成し、大統領の署名を経て近く発効する見通しだ。

ポロシェンコ氏は、法案の定めた3年間で懸案の地方分権改革を進め、東部情勢の長期的な正常化につなげたい考えだ。ただ、親露派の幹部はあくまでも東部の「独立」を追求する構えを崩しておらず、現状が固定化される懸念も強い〉(14年9月17日、「MSN産経ニュース」)

14年8月26日、ベラルーシの首都ミンスクでロシアのプーチン大統領とウクライナのポロシェンコ大統領が会談した。その時点で「ロシアはウクライナの連邦化という要求を取り下げる。ウクライナは親露派が実効支配する地域については事実上の連邦化を実施する」という合意に至ったものと思われる。

客観的に見れば、ウクライナはＮＡＴＯとロシアの緩衝地帯（バッファー）となり、事態はプーチンの思惑通りに進捗《しんちょく》しているかに見えた。

■2015年2月の第2次ミンスク合意

第1次ミンスク合意が結ばれてからも、ウクライナ東部はＮＡＴＯとロシアの緩衝地帯とはなっていかなかった。ドネツク州とルハンスク州は「ウクライナの一部でもなければ独立国でもない」という不安定な領域になり、紛争は止まらなかった。

そして事態は動く。２０１５年２月７日にドイツのメルケル首相が新たな和平計画を発表した。内容的には第1次ミンスク合意の焼き直しだった。この計画を基礎に同月11日にベラルーシの首都ミンスクで、ロシア、ウクライナ、全欧安保協力機構（ＯＳＣＥ）、ウクライナ東部を実効支配する親露派の代表が停戦合意に署名した。

そして、同月12日、「ミンスク合意2」は、ロシアのプーチン大統領、ウクライナのポロシェンコ大統領、ＯＳＣＥの代表者によって署名された。ドイツのメルケル首相、フランスのオランド大統領の四者が結んだ。ミンスクで前日から16時間に及ぶ異例の長時間交渉を続け、ようやくまとまったものだ。会談直後、プーチン大統領が記者団に対して行った説明について、15年2月12日の「イズベスチヤ」電子版はこう報じている。

〈「主要な事柄について合意することができた。すなわち、2月15日零時からの停戦について合意した」とウラジーミル・プーチンは、ミンスクにおける交渉の結果に関する記者たちのためのコメントの冒頭で述べた。

「第2の点は、これを私は非常に重要と考えるが、ウクライナ軍が接触する本日現在の線から重火器を引き上げることで、ドンバスの義勇軍が去［２０１４］年9月19日のミンスク合意で明示された線から引き上げることである」とロシア大統領は付言した。

さらに紛争の双方の側に対して、ロシア大統領は、「できるだけ速く合意の遵守《じゅんしゅ》に着手し」、憲法改正と国境問題を含むドンバスの状況の長期的正常化の過程に移行するように と呼びかけた。

政治的正常化において、いくつかの条件といくつかの立場がある。第1に、これは、ドンバスに住んでいる人々の法的権利を考慮した憲法的改革でなくてはならない。さらにこれらの領域、すなわちドネツクとルハンスクの特別の地位に関して以前に採択された法律を実現する人道的問題であり、最終的に、経済的、人道的な性格を帯びた諸問題のすべて

を統合することであるとプーチンは指摘した〉

14年9月19日にも、ミンスクでウクライナ政府と親露派の代表者が停戦合意の覚書に署名した。しかし、双方とも合意を遵守せずに戦闘を続けた。その結果、前線は9月19日時点のそれよりも西に移動し、親露派が優勢でウクライナが劣勢な状況に陥った。ウクライナ側は、劣勢になったこのラインから重火器を引き上げなくてはならなかった。要は、親露派の攻勢を事実上承認するという意味だ。

会談が長時間になった理由について、プーチン大統領は〈合意になぜこれだけ時間がかかったかと言うと、それは、残念ながらキエフ政権がこれまでのところドネツクとルハンスクの人民共和国の代表者たちとの直接的接触を拒否しているからと思う〉（同）と述べた。

ポロシェンコ大統領は、ドネツク州、ルハンスク州を実効支配している親露派の代表者との直接接触を拒否した。ロシアは、両州にウクライナ中央政府の実効支配が事実上及んでいないことを認めたものと受けとめた。

この結果、プーチン大統領が以前から主張していた「ウクライナの連邦化」が実現した。ロシアが目指した「力による現状変更」を、ドイツとフランスは容認したのだ。

■ウクライナ＝正義なのか

マイダン革命やクリミア併合、ミンスク合意について、本章で記したような論説を私は一貫して発表してきた。

ネットの一部には、中途半端《ちゅうとはんぱ》な知識と、ウクライナ民族主義者が展開する実証性の低い物語を真実と信じ込んで主張する人がいる。

私はモスクワの日本大使館では民族問題を担当し、ロシア語を学ぶだけでなく、ベラルーシ語の研修を3年、ウクライナ語の研修を1年受けた。またロシア科学アカデミー民族学人類学研究所では、東スラブの民族研究にも取り組んだ。

日本では、ウクライナの専門家が非常に少ない。こういう地域の問題について、当該語学（ウクライナ語だけでなく、ロシア語で文献を読む力が不可欠）の基礎知識もなく、民族学的基礎訓練を受けていない人の言説が想定外の影響を与えることがあるので要注意だ。

もちろんロシアによる制限主権論的なウクライナ政策は弾劾《だんがい》されるべきであるし、国際法違反、国連憲章違反にあたる行為は是認することはできない。しかしそのことは、キーウの現政権を手放しで支持することにはつながらない。

第6章

ウクライナ侵攻

■ 開戦前夜にプーチン大統領が発した言葉

2022年2月24日、ロシア軍がウクライナに侵攻した。ウクライナ侵攻により、ロシアは世界のほとんどすべての国を敵に回した。ロシアを積極的に支持しているのは、シリア、イラン、北朝鮮などの「ならず者国家」だけだ。中国ですら、あいまいな態度を取っている。ロシアの行為はウクライナの国家主権を侵害する行為であり、厳しく弾劾《だんがい》されるべきだ。ここまで大きなリスクを冒して、プーチン大統領が何を獲得しようとしているのか。分析専門家の一人として、プーチンの内在的論理を推定したい。

「プーチンは何を獲得しようとしているのか」という問いに答えるヒントが、2月21日に行われた安全保障会議における、プーチン大統領とナルイシキンSVR（ロシア対外諜報《ちょうほう》庁、KGB第一総局〈対外諜報担当〉の後継機関）長官とのやりとりにある。

ロシア情勢に詳しい「日本経済新聞」の池田元博編集委員（元モスクワ支局長）が興味深い指摘をしている。

〈プーチン氏の独善ぶりは、ウクライナの親ロ派支配地域の承認問題を討議した2月21日の安全保障会議でもうかがえた。事実上の最高政策決定機関とされる同会議には各治安機関のトップ、首相、外相、上下両院議長らが参加。司会役のプーチン氏は各人に独立承認の是非を聞いたが、自らの意にそぐわない発言者には厳しい態度をとった。典型例がナルイシキン対外情報局長官とのやりとりだ。

ナルイシキン氏　「西側のパートナーに対し、ウクライナに平和とミンスク合意の履行を短期間で認めさせるよう最後のチャンスを与えても……。そうでなければ……」

プーチン氏　「そうでなければ、とは何ですか。あなたは対話プロセスの開始を提案するのですか、それとも共和国の主権を認めるのですか。はっきり答えてください」

ナルイシキン氏　「承認提案の支持を……」

プーチン氏　「支持するつもりなのか、支持するのか。明確に答えてください」

ナルイシキン氏　「提案を支持して……」

プーチン氏　「イエスかノーか、答えてください」

ナルイシキン氏　「はい、私はドネツクとルハンスク人民共和国のロシア編入を支持します」

プーチン氏　「そんな話はしていないし、討議もしていません。今、話しているのは独立を認めるかどうかです」

ナルイシキン氏　「はい、私は独立承認の提案を支持します」

プーチン氏　「よろしい。すわってください」

安保会議は普段は非公開だが、この日は例外的に公開された。政権内で熟慮を重ねた決定だと強調したかったのだろうが、はからずもプーチン氏の独裁色が強まっている様子が垣間見《かいまみ》える会議となった。ウクライナへの軍事侵攻も、軍部の提案というより、プーチン氏自らが主導したとみるべきなのだろう〉（22年3月1日、「日本経済新聞」電子版）

このやりとりで興味深いのは、ほとんどの安全保障会議メンバーがプーチン大統領の意向を忖度《そんたく》して「ルハンスク人民共和国」と「ドネツク人民共和国」を独立国家として承認すべきであると主張しているのに対して、ナルイシキン長官が異論を唱えようとしたことだ。ナルイシキン長官がこのような発言ができたのは、プーチン大統領からの信任がきわめて厚いからと私は見ている。

■プーチン大統領が胸の中に秘めていた戦略

プーチン大統領はＫＧＢ（旧ソ連国家保安委員会）の出身だ。国家保安委員会には、海外を担当する第一総局（対外諜報担当、ＳＶＲ＝ロシア対外諜報庁の前身）と国内を担当する第二総局があった。第二総局は、現在のＦＳＢ（ロシア連邦保安庁＝国内秘密警察、ＫＧＢ第二総局〈防諜《ぼうちょう》・反体制派担当〉の後継機関）の前身だ。国際問題の分析に関して、プーチン大統領は外務省よりもＳＶＲのほうを信頼している。

ナルイシキン長官には、両「人民共和国」を承認すれば、その後、両国がロシアに集団的自衛権の行使を求めてくることになるのがわかっていた。ロシアはそれに応え、ウクライナとの全面戦争に突入する。戦争でロシアが勝利するのは確実だ。だがその後、ロシアと欧米や日本との関係が決定的に悪化する。

２０１５年の「第2次ミンスク合意」に基づいて、親ロシア派武装勢力が実効支配している地域に「特別の統治体制」を認める憲法改正を行わせる。改正憲法には、ウクライナが外国と条約を結ぶときに「特別の統治体制」となった地域の合意を得ることを約束させる。そうすれば、親ロシア派武装勢力が実効支配する地域に住むロシア人を擁護できる。さらに、

NATO（北大西洋条約機構）にウクライナが加盟することもできなくなる。

ウクライナのゼレンスキー大統領は、このシナリオがわかっていたので「第2次ミンスク合意」の履行を頑《かたく》なに拒否したのだろう。

「日本経済新聞」の池田元博編集委員が指摘する通り、ウクライナへの軍事侵攻はプーチン大統領自身の決断と考えられる。これはプーチンの戦略に基づいてなされている。その戦略とは、ウクライナをいくつかの小国家に分断して、時間をかけてロシアに併合していくことと思われる。

この点について、ドンバス地方（ルハンスク州、ドネツク州）の事情に詳しいロシアの政治学者アレクサンドル・カザコフは、20年に上梓《じょうし》され話題になった著作『北の狐　ウラジーミル・プーチンの大戦略』（日本語訳『ウラジーミル・プーチンの大戦略』）でこう述べている。

〈例えば、アメリカの大戦略はオープンであると言える。このことから、なぜ、プーチンはその大戦略を秘密にしておくのか問うことも可能だ。答えは、奇妙なことかもしれないが、単純である。

プーチンがその大戦略の秘密を、たとえ近い将来の目的や遠い将来の目的だけでも明らかにすれば、彼は……敗れてしまうだろう。その大戦略が成功するかどうかは、まさにそれがすべての者にとってどれほど秘密のままになっているかに左右されるのだ。

具体的な例を挙げて説明しよう。ウクライナとドンバスについてである。これらの地域に対するプーチンの計画と戦略を知っていると言える者はいるだろうか？　例えば、もし近い将来にドンバスを、そしてその後、崩壊の時を経てウクライナ全体を一部ずつロシアに統合するつもりだとプーチンが公然と宣言したとしたら、この戦略的な目的の達成は容易になるだろうか？　むろん、否《いな》である。

すべての敵、反対者、そして慎重すぎる友人たちにさえ、プーチンの「グレートゲーム」を破壊するためには、どこに反撃したらいいのか、わかってしまうだろうからだ〉（アレクサンドル・カザコフ［原口房枝訳］『ウラジーミル・プーチンの大戦略』東京堂出版、21年）

カザコフには今日の事態が2年前に予測できていた。これからのロシア情勢を予測するためには、プーチン大統領が胸の中に秘めている戦略を推定することが死活的に重要になる。そのためには価値判断をいったん保留して、ロシアの政治エリートの発言を詳しく分析する必要がある。

■日本にとって現実的な脅威になったロシア

今回のロシアによるウクライナ侵攻は、ウクライナの主権と領土の一体性を毀損《きそん》するとともに、既存の国際秩序を武力によって変更する、許すことのできない行為だ。日本、アメリカ、EU（ヨーロッパ連合）は団結してロシアを最大の言葉で非難し、最大限の経済制裁を加えている。しかし、経済制裁によってプーチン政権が倒れることはない。

ロシアがウクライナに侵攻した以上は、東西冷戦終結後のロシア観は改めなくてはならない。ロシアは日本にとって現実的な脅威になった。

現在、日本のマスメディアは、当然のことであるがウクライナに同情的になり、ロシア叩《たた》きが進行している。ウクライナに対して少しでも批判的な発言をすると、インターネット空間ではバッシングの対象になるという状態だ。あえて言うが、このような現状は危険だ。情勢分析は、心情や価値判断をいったん括弧の中に入れて、冷静に行わなくてはならない。

太平洋戦争が始まると、日本人は「鬼畜米英《きちくべいえい》」のスローガンを叫び、ルーズベルト大統領やチャーチル首相のわら人形に竹槍《たけやり》を突き刺して戦意を昂揚《こうよう》させた。しかし、そのような形で士気を高めても、圧倒的な生産力の差がある日本がアメリカに勝つことは不可能だった。

対してアメリカは、文化人類学者を集めて日本人研究を行った。この報告書を基にして、ルース・ベネディクトは日本人論の古典である『菊と刀』を書いた。また沖縄人研究のプロジェクトが別途組まれ、その結果は『民事ハンドブック』にまとめられている。

日本にとって脅威となるロシアの論理と思考を理解していくことが、これから死活的に重要になる。そうしなくては、正しい対策を立てることができなくなるからだ。

■コメディアンが大統領に化けた　ゼレンスキー大統領誕生劇

2022年2月24日にロシアによる侵攻が始まるや否《いな》や、ウクライナのゼレンスキー大統領は国民総動員令に署名した。18歳から60歳までの男性はウクライナからの出国を禁止され、ゼレンスキーは「市民よ銃を取れ」と煽《あお》り立《た》てた。

そもそもゼレンスキーとは、どういう人物なのだろう。元コメディアンであるゼレンスキーの芸風は、あえて日本の例をあげるならば「志村けんのバカ殿様」を想起させるものだ。開けっぴろげな芸風は、裏返して言うと庶民にきわめて近い。

15年、ゼレンスキーはウクライナのドラマ「国民の僕《しもべ》」に出演して人気を博す。ゼレンスキーが扮《ふん》する主人公は高校教師ゴロボロジコだ。現職大統領の腐敗政治に憤慨する高校教師が「ウクライナの政治はおかしい」と言っているうちに、大統領選挙に立候補するはめになり当選する。しかし、腐敗政治家と寡占資本家（オリガルヒ）の開票操作により当選無効とされたうえで、反体制派と見なされて投獄されてしまう。腐敗した大統領は、明らかに15年当時のポロシェンコ（14～19年在任）を当てこすっている。

ドラマでは、２０４９年のウクライナ医科大学の授業が描かれる。

「今はどういう生活ですか。生活水準はどうですか」

「正常です。悪くないです」

「経済の発展によって、私たちは世界の中で最先端に立つようになりました。政治も経済も先進国です。しかし20年前はこんな状況ではありませんでした。教師の給与は足りない。光熱費さえ足りない時代でした。高齢者はものすごく貧乏な暮らしをしていて、古い車しか走っていない貧しい状態でした。当時の時代と今を比較してみることが重要です。２０１９年のウクライナ大統領は誰でしたか」

「クラフチュクです」

「それは２０１９年じゃなくて、１９９１年の大統領でしょう。２０１９年の大統領によって、ウクライナの世の中は変わったのです」

ゼレンスキーが扮する高校教師は、投獄されてもなお腐敗政治と闘う。その高潔な人物が大統領になって大きな政治変化が起きたおかげで、ウクライナは世界の最先進国へと発展した。こういうストーリーだ。このドラマはテレビで爆発的な人気を得て、高視聴率を獲得した。

その勢いに乗ってゼレンスキーは19年3月の大統領選挙に出馬し、4月の決選投票でポロシェンコを破って当選を果たした。得票率は73％を超える。フィクションであるはずのドラマが、現実を上書きしてしまったのだ。

なおウクライナ戦争が始まって以降、オレクシー・アレストーヴィッチという大統領府長官顧問が記者会見に毎日出てくる。彼も元コメディアンであり、かつては女装で笑いを取っていた人物だ。アレストーヴィッチはジョージア（旧称・グルジア）生まれのウクライナ人で、キーウ国立大学を卒業し、俳優になった。またカトリックの高等教育機関で神学を学んだ。その後、ウクライナ軍の諜報部門で勤務した。ゼレンスキーの側近のほとんどが、ドラマ「国民の僕」に出てきたスタッフによって固められている。

なお22年5月から、Netflixで日本語字幕つきのドラマ「国民の僕」が配信されている。興味がある読者は観賞してみるといいだろう（特に第3シリーズ）。

■ヨーロッパ最貧国となったウクライナ

１９９１年12月にソビエト連邦が崩壊した当時、ルーブル（ソ連の基軸通貨）は紙切れ同然になり、92年にロシアでは２５００％というハイパーインフレになって経済は崩壊した。ウクライナは新通貨を導入したが、93年のインフレ率は４７００％になった。ロシア経済もウクライナ経済も破滅的な状況に陥り、ポスト冷戦の時代がスタートした。

ところがその後、ロシアとウクライナの経済格差は大きく広がる。ロシアの一人当たり名目ＧＤＰ（国内総生産）は、１万１２７３ドル（１４６万４０００円）だ（２０２１年、ＪＥＴＲＯ＝日本貿易振興機構の公開情報による）。それに対して、ウクライナの一人当たり名目ＧＤＰは３７２６ドル（48万４２００円）でしかない（20年、世界銀行）。ウクライナの人口は４１５９万人（21年、クリミアを除く／外務省 基礎データ）だが、ロシアには１億４６１７万人（21年、ＪＥＴＲＯ基礎統計。ロシア連邦国家統計局による）もの人口がいる強みもある。

ヨーロッパにおける最貧国グループに属するウクライナでは、トップによる腐敗と汚職が蔓延《まんえん》してきた。政権が替わるたび政治も経済もガタガタし、国家体制をまともに構築できない。

「チョコレート王であり、ガラス王であり、造船王でもあるポロシェンコは、私腹を肥やすばかりで国民のための政治をやろうとしない。民衆の声を反映する政治を実現するべきだ」

ゼレンスキーは本気でそう思ったからこそ、大統領選挙に出馬した。

ポロシェンコ政権が存続する限り、ウクライナの問題が何ひとつ解決しないことは明らかだった。平和と経済復興を願う民衆の望みによって、ゼレンスキー大統領は必然的に誕生したのだ。問題は彼が手がけたその後の政治だった。

▩自爆型ドローンでロシアを煽ったウクライナの責任

民主的な制度がまだ十分でないウクライナでは、テレビの影響がとても強い。なにしろゼレンスキーは元コメディアンだから、ユーモアのセンスもあるし、どのようにパフォーマンスすれば自分がより画面映えするか熟知している。未来の理想像を、ビジュアルな形で国民に示す彼の戦略は当たった。

「この人が大統領になれば、国が一挙に変わる」

7割以上の国民が本気でそう信じた。

ところが、あっという間にゼレンスキーの支持率は40％まで下がる。戦争が始まったときには、20％台にまで支持率はガタ落ちしていた。

親ロシア派武装勢力は、ウクライナ東部のドネツク州やルハンスク州を実効支配し続けている。ミンスク合意は破綻したまま、ロシアとの和平はいっこうに実現しない。

２０２１年10月には、ゼレンスキーが海外のタックスヘイブン（租税回避地）に資産を隠していた事実が明らかになった。「これではポロシェンコ大統領の時代と、政権の腐敗は変わらないではないか」「政権が腐敗したままなのだから、道理で国内経済なんて改善しないわけだ」。国民はソッポを向き、ゼレンスキーの支持率はみるみるうちに落ちていった。

危機感に駆られたゼレンスキー政権は、21年10月以降ナショナリズムに訴えて国をまとめようとし始める。ドネツク州やルハンスク州、クリミアから親ロシア派武装勢力を追い出し、ウクライナの実効支配を貫徹しようと考えたのだ。

21年10月、ウクライナ軍は自爆型ドローン（無人攻撃機）「バイラクタルＴＢ２」を使って親ロシア派武装勢力への攻撃を開始した。この行為はロシアを非常に強く刺激した。

自爆型ドローンによる攻撃が、軍部だけをピンポイントで傷つけるとは限らない。ドローンの攻撃によって、無辜《むこ》の民間人が巻きこまれて犠牲になる可能性がある。ウクライナが自爆型ドローンを使用したことが明らかになると、ヨーロッパ諸国が非難声明を出した。

■エマニュエル・トッドの見立て

前述のように、ゼレンスキーはナショナリズムを煽ることによってウクライナをまとめようとしている。だがウクライナはけっして一枚岩ではない。西部と中間部、南部のクリミアや東部では、歴史も文化もそれぞれ異なる。それを一つの国としてまとめるのは至難の業《わざ》だ。エマニュエル・トッド（フランス人の歴史人口学者）の分析を見ると、ロシアとウクライナではそもそも家族様式が根本的に異なることがよくわかる。

〈ロシアは共同体家族（結婚後も親と同居、親子関係は権威主義的、兄弟関係は平等）の社会で、ウクライナは核家族（結婚後は親から独立）の社会です。

共同体家族の社会は、平等概念を重んじる秩序立った権威主義的な社会で、集団行動を得意とします。こうした文化が共産主義を受け入れ、現在のプーチン大統領が率いる「ロシアの権威主義的な民主主義」の土台となっているわけです。ですから、西側メディアが、「戦争を引き起こした狂った独裁者」としてプーチン一人を名指しして糾弾するのは端的に間違っています。プーチンは、こうした社会にふさわしい権力者だからです。

他方、ウクライナ社会は、かつて共産主義国を生み出したロシア社会とは異なります。（中略）おおよそ核家族構造を持っていて、個人主義的な社会です〉（「文藝春秋」2022年5月号）

こうした素地の違いがあるため、1930年代の農奴集団化は、ロシアでは比較的すんなりうまくいった。集団行動を得意としないウクライナは、農奴集団化に激しく抵抗する。その結果、現在のウクライナ政府が「ホロドモール」と呼ぶ大規模飢餓が発生し、数百万人以上もの民衆が犠牲になった。

エマニュエル・トッドは〈ウクライナに「国家」が存在しない〉と主張する。

〈核家族は、英米仏のような自由民主主義的な国家に見られる家族システムです。しかし民主主義は、強い国家なしには機能しません。個人主義だけでは、アナーキーになってしまうのです。問題は、ウクライナに「国家」が存在しないことです。しかも西部（ガリツィア）、中部（小ロシア）、東部・南部（ドンバス・黒海沿岸）という三つの地域間の違いが著しく、正常に機能するナショナルの塊として存在したことは一度もありません〉（同）

９世紀末から13世紀にかけてできたキエフ・ルーシ（キエフ公国）から、西部のガリツィアが分離した。そのウクライナ民族は、いまだ形成途上だ。ウクライナでは２００４年にオレンジ革命が、さらに14年にはマイダン革命が起きる。上からの強力なナショナリズムによって、政治指導者は「ウクライナ民族」なる塊をつくろうとしてきた。

エマニュエル・トッドが指摘するように、「単一のウクライナ」なるものは歴史上一度も存在したことがない。こうしたウクライナの素地が、今回の軋轢《あつれき》の根本にあると私は見ている。

■シカゴ大学ジョン・ミアシャイマー教授の見立て

ドイツのメルケル首相やフランスのオランド大統領が介入する中、２０１４年９月、15年２月の二度にわたってロシアとウクライナの間でミンスク合意が結ばれた。

親ロシア派武装勢力が実効支配しているウクライナ東部について、特別の統治を認めるよう憲法改正を実施する。ＯＳＣＥ（欧州安全保障協力機構）の代表が見守る中で自由選挙を行い、東部地域の統治形態を決める。ポロシェンコ前大統領はこういう内容のミンスク合意に調印したものの、後任のゼレンスキーは約束を反故《ほご》にした。

なぜか。ゼレンスキーはＮＡＴＯ（北大西洋条約機構）に是が非でも加盟したかったからだ。

親ロシア派武装勢力が実効支配している地域は、ルハンスク州の半分、ドネツク州の3分の1に過ぎない。そこに特別の統治体制を認めると、憲法改正のときに必ず「外交条約を結ぶときにはこの二つの地域の承認が必要だ」という条項を付け加えることを親ロシア派は要求する。このような条項を付け加えることをウクライナが拒否すれば、ロシアも親ロシア派武装勢力も憲法改正には絶対合意しない。

ウクライナがルハンスク州やドネツク州の一部に特別の統治体制を認めると、何が起きるか。親ロシア派武装勢力が外交条約締結に関して拒否権をもつことになり、ウクライナは未来永劫《えいごう》NATOに加入できなくなってしまう。こういう構図があるから、ゼレンスキーはミンスク合意の履行を拒否した。

シカゴ大学のジョン・ミアシャイマー教授は、ロシアとウクライナで起きてきた出来事をリアリズム（現実主義）の観点で鋭くとらえている。ミアシャイマー教授は「今回の戦争の責任はアメリカとNATOにある」と断言する。

ロシアと国境を接する周辺諸国にNATOが進出してくれば、ロシアにとっては喉元に匕首《あいくち》を突きつけられているようなものだ。08年4月、ルーマニアで開かれたNATO首脳会議で、アメリカのブッシュ大統領はウクライナとジョージアのNATO加盟をぶち上げた。ドイツやフランスはこの提案に反対したものの、ウクライナとジョージアはブッシュ大統領の提案に同調する。

ミアシャイマー教授は、ブッシュ大統領がけしかけた08年のＮＡＴＯ東方拡大路線が、今回の戦争の原因だと断言する。

ＮＡＴＯ首脳会議から４ヵ月後の08年８月、ロシアはジョージアに侵攻した。さらに14年３月には、ロシア軍がウクライナ南部のクリミア半島へ侵攻する。クリミア半島には、黒海と接する海軍基地セバストポリがある。東方拡大によって、セバストポリをＮＡＴＯの拠点にされる事態は絶対に避けたい。だからロシアはクリミアへ侵攻したのだとミアシャイマー教授は指摘する。

１９９９年、ポーランドやチェコ、ハンガリーが新たにＮＡＴＯに加わった。２００４年にはルーマニア、ブルガリア、バルト３国（エストニア、ラトビア、リトアニア）、スロバキア、スロベニアの７ヵ国がＮＡＴＯに加盟している。アメリカの主導によってＮＡＴＯは東方拡大を続け、ロシアをずっと刺激し続けてきた。

このうえウクライナまでＮＡＴＯに加わることになれば、ロシア陣営でもＮＡＴＯ陣営でもない軍事的な緩衝地帯（バッファー）を失い、ロシアは喉元に匕首を突きつけられることになる。

西側の同盟国になるか。ロシアの同盟国になるか。中立の道を選ぶか。独立国であるウクライナには、決定権があるのは当然だ。だがロシアとNATOという巨大国家に挟まれた弱小国であるウクライナは、バッファーにしかなりえない。この地政学的制約を、ウクライナは宿命として受け入れるしかないのだ――リアリストであるミアシャイマー教授はこう考える。私も同じ認識だ。

感情に流されることなく、リアリズムに基づいてここ20年余りの歴史を振り返ってみることが重要だ。ロシアがただ一方的に、ウクライナに軍事侵攻を仕掛けたわけではない。ロシアにも言い分はある。NATOの東方拡大によって、アメリカがロシアを刺激し続けたことは紛れもない事実だ。どんな戦争にせよ、どんな対立にせよ、国家間の対立は一方のみが100%悪いわけではない。戦争を引き起こした原因は、アメリカとNATOにあるというミアシャイマー教授の指摘に真摯に耳を傾けるべきと思う。

なお、22年2月15日に収録されたミアシャイマー教授のインタビューは、ユーチューブで動画を視聴できる。日本語字幕つきの20分程度の動画が公開されているので、検索して視聴してみてほしい。

■マルレーヌ・ラリュエルの『ファシズムとロシア』

今回の戦争の背景には、ロシアとウクライナの歴史解釈の違いがある。特に西ウクライナ（ガリツィア地方）の政治エリートと知識人によって進められた「ステパン・バンデラの名誉回復」が重要な争点だ。

ゼレンスキー大統領は、歴史認識に関してポロシェンコ前大統領の路線をいっそう純化《じゅんか》する方向で進んだ。ロシアの歴史解釈では、バンデラ主義者はナチスの仲間だ。従って、現ウクライナ政権＝バンデラ主義者＝ナチス主義者という乱暴な図式が成り立ってしまう。

なお、バンデラは強力な反ユダヤ主義と反ポーランド主義も併せもっていた。ウクライナの現政権に対して、イスラエルが一定の距離を置いている背景には、バンデラ主義者の問題がある。ポーランドとウクライナの関係においても、バンデラの反ポーランド主義が中長期的視点から対立点となり得る。

今回の事態を理解するために、マルレーヌ・ラリュエル（米国ジョージ・ワシントン大学ヨーロッパ・ロシア・ユーラシア研究所所長）が書いた『ファシズムとロシア』（原題『Is Russia Fascist?』）という学術書が参考になる。やや長くなるが、重要な箇所なのでご紹介したい。

〈ウクライナでは、ナチ協力者運動の名誉回復は、ロシアへの政治的スタンスの変化に沿って移り変わりながら、さらに曲がりくねった道を辿《たど》ってきた。二つの主要な反体制運動、「ウクライナ民族主義者組織」（ＯＵＮ）と「ウクライナ蜂起軍」（ＵＰＡ）、そして彼らの英雄、ステパン・バンデラ（１９０９〜５９年）は、アメリカとカナダのウクライナ人ディアスポラや、特にガリツィアからの移民によって自由の戦士として絶えず讃《たた》えられてきた。１９９１年末のウクライナ独立の後、バンデラは徐々に国民の英雄として名誉回復を果たした。最初は、何万人もの民間人がソ連の強制収容所に送られた記憶がまだ鮮明な西ウクライナで、それから全国にわたって、そしてオレンジ派の政府によって編纂《へんさん》を委託された新しい歴史教科書の中で。

キエフ当局にとって、バンデラはウクライナの独立のために――最初は１９３０年代にポーランドに対して、そして１９４０年代初頭にはソ連に対して――戦ったウクライナ・ナショナリストであった。１９４１年と１９４４年の二度（その間の時期は投獄されていた）、バンデラはソ連軍に対抗するためにナチ・ドイツに協力した。彼の軍が、ドイツ軍直下の武装親衛隊ガリツィア支団の一部ではなかったとしても、彼は多くの国民社会主義の原則に従い、民族的に純粋なウクライナ民族を呼びかけ、ナチのジェノサイド政策に沿う強烈な反ユダヤ主義を体現していた。新生ウクライナの歴史叙述では、こうした問題含みの伝記的要素はしばしば無視されるか、少なくとも最小化されてきた。例えば２００９年、ユシチェンコ政権はバンデラの生誕１００周年に彼を郵便切手のデザインに採用し、２０１０年には、死後に「ウクライナの英雄」という公式の肩書を与えた。しかし、この栄誉は東ウクライナと海外で憤激を巻き起こし、結局は撤回された。

この名誉回復の流れは、ユーロ・マイダン革命以降加速した。２０１５年、70周年の戦勝記念日の直前、当時の教育大臣で、長年「解放運動研究所」――ウクライナ民族主義者組織（ＯＵＮ）とウクライナ蜂起軍（ＵＰＡ）の英雄的な語りを称揚《しょうよう》するために設立された組織――の所長でもあったヴォロドィミル・ヴャトロヴィチが、新たな、ポスト・マイダン期の歴史叙述を体系化する四つの法への投票を議会に求めた。そのうち二つは、ロシアとの記憶をめぐる戦争において特に影響を及ぼすものであった。ＯＵＮとＵＰＡのメンバーたちを「20世紀のウクライナ独立の戦士」とみなすという一つ目の法令は、これを非合法だとする世論の拒否にあった。二つ目の「共産主義と国民社会主義（ナチ）の全体主義体制への非難と、そのシンボルのプロパガンダを禁じる」法は、ソヴィエト体制全体を正式に犯罪化し、あらゆるソ連時代のシンボルを撤去することを命じるもので、違反者は10年以下の禁固刑に処される。一切の開かれた議論もなく採択され、大多数の支持を得ているとも思えないこの非共産化法は、きわめて論争的である。歴史学界は、どのように「正しく」考えるべきかを教えられることへの危惧を表明し、欧州評議会ヴェニス委員会と欧州安全保障協力機構（OSCE）の民主制度・人権事務所（ODIHR）の共同見解は、第二の法は人々の表現の自由の権利を侵害するものだとした。

2016年、一連の法の1周年は、戦勝記念日に退役軍人たちが赤い旗を掲げようと試みた件への犯罪捜査で始まり、2017年にはヴャトロヴィチが、武装親衛隊ガリツィア支団のシンボルを飾ることは法が管轄するものではないという声明を出すに至った。ソ連時代の公文書を彼の「国民記憶研究所」の管轄下に置くという決定は、ウクライナ史を「糊塗《こと》［白化］」することになるのではないかという危惧を生んでいる。ほとんど気付かないまま、ウクライナは多くの方法で、2か国間のミラー・ゲームのようにロシアが行っているのと同じ検閲ツールを適用している。ロシアでは反ユダヤ主義は減退してきているが、ユーロ・マイダン革命以降のウクライナでの高まりは、民族主義的グループとペトロ・ポロシェンコ政権の双方から支持を受けた第二次世界大戦期の民族主義的蜂起の名誉回復が、現在の社会状況に危険な影響を及ぼしていることを立証する。ゼレンスキー大統領の、より総意に基づく歴史政策がこの過激化を減速することにつながるかどうかは、まだわからない〉（マルレーヌ・ラリュエル［浜由樹子訳］『ファシズムとロシア』東京堂出版、２０２２年）

■ナチス支持者ステパン・バンデラの影

２月24日にロシアがウクライナに侵攻したあと、プーチン大統領、ラブロフ外務大臣らの政治家、ロシアのマスメディアは「ナツィスティ」（ナチス主義者）、「ネオナチスティ」（ネオナチ）、「ナアツィオナリスティ」（民族排外主義者）という言葉でウクライナのゼレンスキー政権を非難した。

ロシアは、ウクライナの民族主義者ステパン・バンデラとその系統の武装集団が、ナチス・ドイツと連携してウクライナ独立を図った事実に焦点を当てる。そして「バンデローフツィ」（バンデラ主義者）＝「ナツィスティ」（ナチス主義者）という図式をつくっている。

ロシアは今回の戦争の目的を「非ナチス化」と主張する。日本では「ウクライナの政権内部にナチス支持者がいるというロシアの主張は言いがかりだ」と決めつけるが、バンデラを英雄視する人々がウクライナ政権内部にも国内にも存在することは事実だ。

第2次世界大戦中、ソ連赤軍に加わったウクライナ人が200万人いるのに対して、ナチス・ドイツ軍に加わったウクライナ人は30万人もいた。日本の自衛隊に匹敵するくらいのウクライナ人が、ナチス・ドイツ側について戦ったのだ。この問題の解釈は非常に難しい。どの点と線を結ぶかによって、全然別の物語が紡《つむ》ぎ出される。

今回の戦争で、ロシアがウクライナに対して非道な蛮行を働いているのは間違いない。無辜のウクライナ人をたくさん殺していることは、紛れもない事実だ。しかし、ウクライナもロシア人に対して同様のことをやっている。その根っこの部分には、反ソ連（ロシア）の活動に邁進《まいしん》したバンデラ主義者の問題があるのだ。

■戦況をさらに悪化させるドイツのショルツ首相発言

2022年4月に至って、ロシアとドイツの関係が急激に悪化している。引き金を引いたのは、ドイツのショルツ首相だ。4月19日、ベルリン発のロシア国営「タス通信」は、次のように伝えた。

〈オラフ・ショルツ独首相は、ウクライナでロシア軍の勝利を許してはならないと呼びかけた。このことをショルツは、火曜日（19日）に西側諸国指導者が参加したビデオ会議の結果についての記者会見で述べた。会議にはジョー・バイデン米大統領、アンジェイ・ドゥダ・ポーランド大統領、エマニュエル・マクロン仏大統領、クラウス・ヨハンネス・ルーマニア大統領、ボリス・ジョンソン英首相、岸田文雄・日本国首相、マリオ・ドラギ伊首相、シャルル・ミシェル欧州理事会議長、イエンス・ストルテンベルグNATO事務総長、ウルズラ・フォン・デア・ライデン欧州委員会委員長も参加した。

「EU並びにNATOにおけるパートナーと共にわれわれは、この戦争でロシアが勝ってはならないとの見解で完全に一致している」とショルツは述べた。ショルツはプーチン露大統領に以下の言葉で呼びかけた。「ウクライナの都市への攻撃を止めなさい。直ちに和平を実現し、兵士を引き上げなさい。この恐ろしい戦争を止めなさい」

ショルツはウクライナにおけるロシアの特別軍事行動を「無意味な戦争」であり、「国際法に対する深刻な侵犯だ」と決めつけた。現状においてモスクワは西側の結束を計算していないとショルツは考えている。「国境と領土の一体性に対する不侵犯がヨーロッパ安全保障の基本原則である」と首相は強調した〉

ショルツ首相の発言のうち、ロシアを刺激したのは〈ＥＵ並びにＮＡＴＯにおけるパートナーと共にわれわれは、この戦争でロシアが勝ってはならないとの見解で完全に一致している〉という表現だ。これまで主要国の指導者は、ウクライナにおける戦争の勝敗ラインを明確にしなかった。ショルツ首相が述べる「ロシアを勝利させない」が西側諸国の目標ならば、当面、停戦は不可能になる。

■ゼレンスキーの獲得目標とプーチンの獲得目標

２０２２年４月16日、ウクライナのゼレンスキー大統領は「われわれは領土と国民については取引はしない」と述べた。ゼレンスキー大統領が言うところの獲得目標と、プーチン大統領の獲得目標は異なる。ゼレンスキーはドネツク州やルハンスク州のみならず、クリミアからもロシアを追い出したい。そこまでの目標を達成して初めて、ウクライナの勝利があるとゼレンスキーは考える。

ロシアとウクライナの軍事力と国力を考えれば、ウクライナだけの力でこの目標を達成することはとうてい不可能だ。アメリカ軍を含むＮＡＴＯ軍がウクライナに直接介入しなければ、ゼレンスキーの目標は達成できない。ショルツ首相が述べる「ロシアを勝利させない」

という目標は、ＮＡＴＯ軍の助けなしには達成不可能だ。ＮＡＴＯ軍がウクライナ戦争に介入する事態になれば、核戦争のリスクが現実味を帯びてくる。ショルツ首相の不用意な発言は、第３次世界大戦と核戦争を誘発しかねない危険な内容なのだ。

ロシアの戦争（ロシアは「特別軍事作戦」と呼ぶが、実態は戦争だ）の目標は、２月24日の軍事侵攻開始にあたってプーチン大統領が述べた三点だ。

第一に、ロシアは「ドネツク人民共和国」と「ルハンスク人民共和国」の住民を保護したい。ロシアの論理では、二つの「人民共和国」は独立国だ。両「人民共和国」憲法は、ドネツク州とルハンスク州の全域を自国領と定めている。従って、ウクライナにはもはやドネツク州もルハンスク州も存在しない。ロシア軍の侵攻は、両「人民共和国」の「人民警察」（実態は軍隊）を支援して、ウクライナの武装集団を排除し、ドネツク州、ルハンスク州の全域を両「人民共和国」の実効支配下に置くことだ。

第二に、ロシアはウクライナを非軍事化したい。しかし、非軍事化の内容がどのようなものであるかは明確になっていない。ウクライナがＮＡＴＯに加盟せず、中立を維持するとの方針を示せば、ウクライナが軍隊を維持することは認めるとの含みがある。

第三に、ロシアはウクライナを非ナチス化したい。具体的には、一時期、ナチス・ドイツと協力したことがある反ロシア主義、反ユダヤ主義、反ポーランド主義を掲げて実践したウクライナ民族主義者ステパン・バンデラを英雄視する勢力を、ウクライナの政治から排除することだ。その中にはゼレンスキー大統領も含まれる。

ロシアの要求は露骨な内政干渉であり、国際法に違反する。

ショルツ首相の発言の前までは、ドネツク州、ルハンスク州のうち、親ロシア派武装勢力が現時点で実効支配している領域に関してロシアの主張を認め、ウクライナが中立化すると約束をすることによって停戦の可能性があった。NATO、EUの認識としてショルツ首相が「ロシアを勝利させない」という目標を明確にしたため、このような条件での停戦の可能性はなくなった。

一般論として、いつまでも続く戦争はない。ウクライナにおける戦争もいつかは終結する。その際には停戦がなされる。来るべき停戦を少しでも有利にするために、ロシア軍とウクライナ軍は死闘を展開する。

その過程でロシアは、当初の目標であったルハンスク州とドネツク州の全域を制圧することに留まらず、目標を拡大するだろう。現在、ロシア軍が一部地域を支配下に置いている東部のハルキウ州、黒海に面した南部のザポリージャ州、ヘルソン州、さらには南西部のオデーサ州へと制圧地域を拡大すべく腐心している。停戦が遅れることによって、無辜の住民の犠牲が増大していく。

■ゲリラ戦と市街戦

今回の戦闘で、ウクライナは「ジャベリン」と呼ばれる武器を使い、ロシア軍の戦車を多数破壊している。ジャベリンとは、よく戦争映画に出てくるロケットランチャーだ。肩に担いで発射すると、コンピュータ制御で目標物に激突して爆発する。スナイパー（狙撃手）は特殊な訓練を積まなければ熟練兵にはなれないが、ジャベリンであれば素人《しろうと》同然の兵士でもすぐに使いこなせる。

ただし「ドンバス」と呼ばれるウクライナ東部の地域では、ジャベリンは効力を発揮しない。ジャベリンの射程は2・5キロだ。見晴らしが良い平野が多いドンバスでは、ジャベリンを発射する前にウクライナ兵がロシア軍に見つかり、撃ち殺されてしまう。都市であれば隠れる場所はいくらでもあるし、山岳地帯でも兵士は身を隠せる。ドンバスでの戦闘は、ゲリラ戦には不向きなのだ。

となると、ウクライナはどこかの国から長距離砲でも提供してもらわないことには、ドンバスでの戦闘を耐え忍ぶことができない。アメリカ、ドイツ、ポーランドなどはウクライナに重火器を送っている。さらに、２０２２年3月18日、ポーランド軍はウクライナに平和維持軍を送る意向を表明した。いくら平和維持軍という名目であっても、こうした動きはロシアから「ＮＡＴＯによる軍事介入が始まった」と見なされる。間接的な形の後方支援だと主張しても、ロシアからは事実上戦闘行為に参加していると見られてしまう。

モルドバの東側にある沿ドニエストル地域は、すでに事実上親ロシア派が実効支配している。この沿ドニエストルに加え、ハルキウ州やザポリージャ州、ヘルソン州やオデーサ州までロシアの実効支配下に入れば、ウクライナは海を失う。黒海に面する地域はロシアの実効支配下としてすべて囲われ、地政学的状況が大きく変わるのだ。もしそうなれば、ただでさえヨーロッパ最貧国グループに属するウクライナは、さらなる貧困状態へと落ちこむだろう。

22年4月の段階では、まだウクライナは東部と南部しかロシアには占領されていない。国土面積で言うと全体の5分の1だ。ＩＭＦ（国際通貨基金）の推計によると、ウクライナのＧＤＰはこれだけですでに43％減ると言われている。国土の5分の1しか占領されていないのに、４割もＧＤＰが落ちこむとは減り幅が大きすぎる。なぜか。

工業地帯と肥沃な黒土地帯は、ウクライナの東部と南部に集中しているからだ。ウクライナの西部は山岳地帯であり、農業には適していない。西部は工業も発達していない経済的に豊かでない地域だ。

戦争のせいで、黒土地帯では22年夏以降の刈り取りができない。仮に食糧の刈り取りができたにせよ、その地域はほとんどがロシア軍制圧下にある領域だ。22年夏以降、ウクライナ全体の食糧事情がかなり厳しい状況に陥ることは間違いない。23年以降、国際社会によるウクライナへの食糧支援が深刻な課題になる。

■経済制裁で戦争が止められた試しはない

見落としてはいけないのは、ロシアは意外と孤立していないという事実だ。西側諸国は、厳しい経済制裁によってロシアを締め上げ、音《ね》を上げさせようとしている。前にも述べたが、経済制裁によってプーチン政権が倒れることはない。考えてもみてほしい。経済制裁によって、体制が倒れた国がこれまでどこにあるというのか。世界中から激しい経済制裁を受けてきた北朝鮮もイランも、体制は転覆していない。少なくとも今のロシアは、北朝鮮やイランよりはよほど体力がある。

アメリカの目論見《もくろみ》によると、大変なハイパーインフレによってロシアのルーブルは価値を失い、紙切れ同然になるはずだった。現実には、ルーブルの国際為替レートはどのように推移したか。

戦争が始まった時点で1ドル＝80ルーブル、開戦から10日ほど過ぎた3月7日には1ドル＝150ルーブル前後まで通貨の価値は下落した。ところが本稿執筆中のレートは、1ドル＝66・50ルーブルだ（2022年5月7日現在）。戦争が始まる前よりも、開戦2カ月後のほうがルーブルの価値は高まっているのだ。数字として表れている現実から目をそらし、自分たちに都合が悪い現実を認めないという不誠実な態度は良くない。

ロシアは国際社会の中で孤立するどころか、世界では地政学的な変動が起きている。「ロシアが国際社会から孤立している」という見方で固まっていると、この戦争が終わったとき、思わぬネットワークが出来上がっている世界を目の当たりにするかもしれない。

2022年4月12日、プーチン大統領は極東アムール州のボストーチヌイ宇宙基地で、侵攻を開始して以来初めての記者会見を開いた。この場でプーチンは「ロシアは世界から孤立するつもりもないし、ロシアを孤立させることも不可能だ」（4月13日付「毎日新聞」）と話した。これはただの強がりではない。

ウクライナからのロシアの即時撤退を求める決議が、3月2日の国連総会で行われた。決議には193ヵ国中141ヵ国が賛成した。ロシア、ベラルーシ、シリア、北朝鮮、エリトリアの5ヵ国だけが反対し、中国やインドなど35ヵ国が棄権している。人権理事会におけるロシアの理事国資格を停止させる4月7日の決議では、賛成が93ヵ国に減った。中国など24ヵ国が反対し、58ヵ国が棄権に回ったのだ。

自由と民主主義を掲げる陣営は、この数がもつ意味を深く考えていない。4月7日の決議で反対に回った国は、中国、北朝鮮、イラン、キューバ、シリアなど、一昔前の言葉を用いるならば、いわゆる「ならず者国家」だ。ただし、中立的な立場を取ろうとする国を加えると、世界の約半分を占めたことになる。さらに国家の人口で言うならば、アメリカの立場に賛成する人々のほうが少ないのだ。

ちなみに、1933年に日本が国際連盟を脱退したとき、リットン調査団の報告書採択に反対したのは日本だけだ。棄権はシャム（タイ）だけだった。

■効果を発揮していない西側陣営のロシア封じ込め戦略

ロシアに対するどちらの決議も、中東、東南アジア、アフリカ、中南米で棄権が目立った。

西側陣営の影響力が小さくなっていることを実感する。

２０２２年３月２日の決議で棄権したウガンダのムセベニ大統領は、「日本経済新聞」の取材に応じて〈ウクライナを巡る日米欧とロシアなどの対立について、「アフリカは距離を置く」と表明した〉（３月17日）。タイのプラユット首相も、侵攻が始まって間もない時期から「中立を保つ」と発言している。

アフリカや東南アジアの国々は、経済的な結びつきから中国に好意的であり、ロシアに対しては中立だ。ロシアは中東でも、アメリカ最大の同盟国であるイスラエルのユダヤ人社会に強いネットワークを維持している。

ロシアが独自に提出したウクライナの人権状況に関する決議案について、国連の安全保障理事会が採択を行ったのは３月23日だ。理事国15ヵ国中13ヵ国は棄権したが、中国だけがロシアと共に賛成に回った。バイデン大統領が３月18日に習近平《しゅうきんぺい》国家主席と電話会談をした際、「中国がロシアを支援した場合には制裁を科す」と脅したことが裏目に出た。中国はアメリカに反発したのだ。

このように、ロシアを封じ込めてプーチン政権を崩壊に追い込もうという目論見は、狙い通り進んでいない。停戦を実現させるには、アメリカが軍を介入させてロシアを排除するか、プーチン大統領の納得できる範囲で折り合いをつけて合意するか。このどちらかしか選択肢はない。

ロシアが目論《もくろ》んでいるのは、領域の拡大よりもネットワークの帝国づくりだ。これを歴史的に見ると、ビザンツ帝国（395～1453年の東ローマ帝国）の戦略と非常によく似ている。プーチン大統領は、あえてビザンツ帝国のやり方を真似《まね》ているのだと思う。

すなわち、地理的には離れていても味方を複数つくり、時勢に応じて適宜《てきぎ》そのバランスを変えていく。中国、インド、ブラジル、サウジアラビア、トルコ、イスラエル、イランなど、それぞれ力をもっている国が相手だ。

同じロシア語圏のベラルーシ、カザフスタン、ウズベキスタン、キルギス、タジキスタン、トルクメニスタン、アルメニア、アゼルバイジャン、ウクライナの東部や南部に対する情報戦略にも、プーチン大統領は積極的だ。

■「Quad」4ヵ国の温度差

ロシアとネットワークを築く国として、しばしば中国が挙げられる。インドもまた、ロシアと経済的な結びつきを深めている。

「自由で開かれたインド太平洋」を守るために、日本、アメリカ、オーストラリア、インドの4ヵ国で安全保障や経済について協議する「Ｑｕａｄ（日米豪印戦略対話）」が２００７年につくられた。Ｑｕａｄは軍事同盟ではないものの、合同軍事演習を実施している。

Ｑｕａｄの一員であるインドは、今回の対ロ非難に加わらなかった。インドは兵器の４割をロシアから買っており、既存の装備品の８割はロシア製だ。だから兵器のメンテナンスの問題が生じる。ただし、単に「武器依存度が高いから、インドは対ロ制裁に踏み切れない」という解説は一面的で事態の本質を捉え損ねる。「ロシアとの関係では、極力中立的な地位を維持したい」というインドの主体的な意思の表れだ。

インドにとって重要なのは、中国の脅威に対して、オーストラリアとアメリカと日本を巻き込むことだ。Ｑｕａｄは価値観同盟ではなく、中国を封じ込める利益があるからつきあっている。それ以上でも以下でもないことが露見した。現にウクライナ侵攻によって割安になったロシア産原油を、インドは購入している。

対ロ関係で意外と気づかれていない重要な存在が、サウジアラビアだ。アメリカとイギリスはサウジに対し、原油を増産してロシアを孤立させる取り組みに加わるよう働きかけた。しかしサウジは応じていない。ロシアと手を握っているからだ。中国に販売する原油の一部を、人民元建てにする方向で協議中だという報道もある。

サウジアラビアにとって、西側の消費文明を受け入れながらも、政治に関しては権威的な体制を取るロシアや中国は、つきあうのに都合がいい。人権外交を掲げるアメリカよりも、独自のルールを尊重してくれるからだ。アフリカや中南米の諸国も同じ感覚だ。結局どの国も、イデオロギーや価値観より利害で動くのである。

アメリカや日本と歩調を一にしているのは、ＥＵ諸国、オーストラリア、ニュージーランド、カナダなどロシアが非友好国としている国だ（もっともＥＵの中でも、ハンガリーは日和見的だが）。

新しい世界地図の上で、日本はどうやって生き残っていくのか。東アジアにおいて、ロシアと北朝鮮はすでに現実的な脅威だ。中ロの軍事協力が進んでロシアの最新兵器を中国が得れば、軍事力はさらに高まる。韓国は中ロとの関係も深く、歴史認識などさまざまな問題で日本に厳しく当たってくる。

国ごとに抱える事情を等閑視《とうかんし》してはならない。ロシア、北朝鮮、そして中国は日本にとっての脅威であり、韓国はどっちを向いているのかわからない。こうした国際関係の新たな緊張の中で、日本は最前線に立たされる可能性がある。

アメリカとの同盟は重要だ。しかし、それがアメリカと価値観を完全に共有する「イデオロギー同盟」という選択肢で良いのか。この点について、日本は自分の頭で真剣に考えなくてはならない。

■プーチンが頭の中で思い描く「ロシア帝国の地図」

プーチン大統領に見えている世界地図の中のロシアは、ソ連の崩壊という歴史的悲劇によって不当に縮小させられた版図だ。プーチン大統領にとってのロシアは、「ロシア帝国（1721〜1917年）の地図」だ。

ロシア帝国は現在のロシアをはじめ、フィンランド、ベラルーシ、ウクライナ、ジョージア、モルドバ、ポーランドの一部や、カザフスタン、キルギス、タジキスタン、トルクメニスタン、ウズベキスタンの中央アジア、バルト3国（エストニア、ラトビア、リトアニア）、外モンゴルなどユーラシア大陸の北部を広く支配していた大帝国だった。

ウクライナにはまず反ロシア的でない新政権を打ち立て、非軍事化させてヨーロッパとの緩衝地帯とする。さらに時間をかけて小国家に分割して、少しずつウクライナを併合していく。これがプーチンの狙いだろう。

ただしロシア軍の振る舞いは相当にひどく乱暴なので、現時点で兄弟民族のウクライナ人ほとんど全員を敵に回した。高まった反ロシア感情を鎮めるには、かなり時間がかかる。ロシアもそのことをよくわかっているので、ウクライナ人から内発的にロシアとの協力を望む政治エリートが出現するのを、時間をかけて待つと思う。

プーチン大統領がその先に見据えているのは、南の国境だ。欧米に接近を続けるジョージアには、ロシア軍の介入によって２００８年に独立を宣言した「南オセチア共和国」がある。国連加盟国の中ではロシア、ニカラグア、ベネズエラ、ナウル、シリアの5ヵ国だけしか承認していない国家だ。

その南オセチア共和国のビビロフ大統領は22年3月末、「歴史故郷であるロシアと再統一する国民投票を近く行う」と表明した。国民投票が実施されれば、圧倒的多数の賛成を得ることは確実だ。するとジョージアは反発して、南オセチア共和国に軍事介入する可能性がある。ジョージアが武力で阻止しようとしても、ロシアは力でそれをはね返し、「南オセチア共和国」を併合するだろう。

もう一つ注目されるのが、ロシアの飛び地の領土であるカリーニングラードだ。ここはリトアニアとポーランドに囲まれており、ＮＡＴＯ加盟国であるリトアニアが国境を封鎖しようとしている。これは協定違反であり、ロシアにとって見過ごせない。軍事力で阻止しようとすれば、今度こそＮＡＴＯがロシアとの直接戦争の危機に直面する。

プーチン大統領は長期戦略に基づいて、戦火をさらに拡大させるかもしれないのだ。

終　章

平和への道程

■「ニュークリア・シェアリング＝核共有」という幻想

１９９１年8月、ソビエト連邦のゴルバチョフ大統領が軟禁された（「8月クーデター未遂事件」）。クーデターが未遂に終わった直後、ウクライナはソ連からの独立を宣言する。そして91年12月、ソ連は崩壊した。この時点で、ウクライナ国内には１９００個以上もの核弾頭が存在した。30年前のウクライナは、世界第３位の核大国だったのだ。

94年12月、ウクライナは世界史に残る画期的な決断をする。自国が保有する核兵器をすべて放棄する「ブダペスト覚書」に署名したのだ。「ブダペスト覚書」の調停役となったのは、アメリカとイギリス、ロシアの３ヵ国だった。「ブダペスト覚書」では、核廃絶を実現する代わりにアメリカとイギリス、ロシアが領土不可侵の原則を守ることに合意した。

ところが２０１４年3月、ロシアは「ブダペスト覚書」の約束を反故《ほご》にしてクリミア半島に侵攻する。さらに周知の通り、ドネツク州やルハンスク州の一部に実効支配の手を伸ばした。

この事実をもって「旧ソ連から引き継いだ核兵器を放棄しなければ、今回のウクライナ侵攻はなかった」という説がある。さらに自民党の一部政治家が「日本はニュークリア・シェアリング（核共有）するべきだ」という勇ましい言説を口にし始めた。

すでに日本はとっくの昔から、アメリカの「核の傘」のもとで安全保障を担保している。独自に核兵器を保有しなくとも、日米同盟のもとで日本は戦後75年以上にわたって安全保障を担保してきた。にもかかわらずニュークリア・シェアリング云々《うんぬん》と言い出すとは、要するに「アメリカの核の傘は信用ならない。日本で有事が起きたとき、アメリカが助けてくれるとは限らないではないか。核が自分の手元になければ安心できない」という意味だ。アメリカに対する信頼感が落ちているから、与党政治家がこのような言説を口にする。

核抑止力によって、どこまで確実に平和を担保できるのだろう。そもそも核抑止力という考え方そのものが「神話」に過ぎない。アメリカやNATOに核兵器さえあれば、抑止が働き、核大国を当事国とする大規模な通常戦争は起きないはずだった。しかし現実には、ウクライナ侵攻のように大規模な通常戦争が起きてしまった。

ウクライナがロシアから侵攻を受けたからといって、あわてふためいて「日本は核武装するべきだ」と言い募るのはナンセンスだ。今後一発でも核兵器が発射されれば、人類は破滅へ向かって突き進んでいくことになりかねない。そのような物騒な兵器は、世界から一つ残らずなくすのがいちばんいい。

1997年、公明党の強い働きかけもあり、日本政府は対人地雷全面禁止条約（オタワ条約）に署名し、自衛隊は対人地雷をすべて破棄した。人類を破滅に導く核兵器についても、対人地雷と同じく廃絶へ向かう。日本が進むべき道はこれしかなく、「ニュークリア・シェアリング」という核軍拡につながりかねない議論には、反対しなければならないと私は考える。

■戦争を食い止める手段は、どこまでいっても対話である

ここで戦争の本質について、宗教的観点からも考えてみる必要がある。戦争とは、所詮人間の心の中から生じてくるものだ。政府首脳に働きかけて、彼らの考え方を変えていく。戦争を食い止めるための手段は、報復の戦争ではない。戦争を食い止めるための手段は、どこまでいっても対話だ。

池田大作ＳＧＩ（創価学会インタナショナル）会長とミハイル・ズグロフスキー博士（ウクライナ国立キエフ工科大学総長＝当時）の対談が、教育月刊誌「灯台」（２００８年５月号〜09年11月号）に連載された。

調べてみたところ、ウクライナ軍産複合体の「ウクロボルンプロム」の諮問会議の議長、全権代表を務めていたズグロフスキー博士は、19年にゼレンスキー大統領が誕生すると同時に

解任されている。ロシア科学アカデミー海外会員の資格は、22年3月に返上した。現在はウクライナ国内にとどまり、ロシアの侵攻に抵抗する知識人の一人として活躍している学者だ。ウクライナ戦争が勃発してから、私は対談集『平和の朝《あした》へ　教育の大光』（第三文明社、2011年）を熟読した。今こそこの対談集に立ち返るべきだと、深い感銘を受けた。


〈**池田**　時代は「人間」が焦点《しょうてん》です。

先ほどの「SGI憲章」では、「仏法の寛容《かんよう》の精神を根本に、他の宗教を尊重《そんちょう》して、人《じん》類《るい》の基本的問題について対話し、その解決《かいけつ》のために協力していく」とも謳っています。

当然、信仰《しんこう》の違《ちが》いはある。しかし、平和のため、人間の幸福のために、宗教間の対話・協力の流れを世界の趨勢《すうせい》にしなければなりません。


ズグロフスキー　よく理解《りかい》できます。今、多くの宗教の大きな課題《かだい》の一つが、いかに寛容《かんよう》の精神を育《はぐく》むかにあることは明らかです。

「寛容の精神」は、自分の信念《しんねん》や伝統《でんとう》への裏切りではありません。そうではなく、自分とは異《こと》なる考えや信仰を持つ人とも仲良く平和に暮《く》らすという決意にほかなりません。

より広い意味での「寛容の精神」は、洋の東西に始まるあらゆる差別《さべつ》から来る「狭《せま》いグループ意識《いしき》」を乗《の》り越《こ》えることに通ずると信じます〉（『平和の朝へ 教育の大光』）

ズグロフスキー博士が言う「狭いグループ意識」に政治がからめ取られてしまっていることが、ウクライナ戦争の本源的原因だ。

■ 核戦争による破滅など誰ひとり望んでいない

「池田・ズグロフスキー対談」をさらに読み進めていこう。やや長くなるが、きわめて重要な箇所なので引用におつきあい願いたい。

〈**ズグロフスキー**　池田会長の入会（編集部註＊創価学会に入会のこと）の日と、ウクライナの独立《どくりつ》記念日が、同じ「八月二十四日」であることに縁《えにし》を感じます。

ウクライナが初めて核兵器の放棄《ほうき》を表明したのは、実は独立以前のことで、一九九〇年七月十六日に最高会議で採択《さいたく》された「ウクライナ主権《しゅけん》国家宣言《せんげん》」の中においてでした。

宣言書には、「ウクライナ・ソヴィエト社会主義共和国は、将来《しょうらい》にわたって、軍事《ぐんじ》ブロックに参加せず、非核《ひかく》三原則《げんそく》を守る中立国家になるとの自《みずか》らの意思《いし》を厳《おごそ》かに宣言するものである」と記《しる》されています。

この宣言が如実《にょじつ》に示すように、独立当初より、ウクライナの指導《しどう》部は、ソ連から引《ひ》き継《つ》いだ核兵器を処分《しょぶん》することに積極的でした。反核《はんかく》の精神《せいしん》は、チェルノブイリの悲劇《ひげき》を経験《けいけん》したウクライナ国民の感情とも深く共鳴し合っていたのです。

ソ連が崩壊《ほうかい》した九一年、戦略《せんりゃく》ミサイル用の核弾頭《かくだんとう》がウクライナに千九百個《こ》以上存在《そんざい》していたことから、ウクライナは、アメリカとロシアに次ぐ世界第三位の核大国《かくたいこく》となりました。政治家の一部には、「核大国であり続けたい」という誘惑《ゆうわく》があったことも事実です。

しかし世界の世論《せろん》が見守り、ウクライナ国民の核兵器反対の声が高まるなかでの論議《ろんぎ》の末《すえ》、前代未聞《ぜんだいみもん》の核兵器放棄《ほうき》が決議されました。

池田　貴国《きこく》の動きは大きなニュースでした。世界に希望をもたらしました。

ズグロフスキー　ええ。一九九四年二月、ウクライナ最高会議は、戦略攻撃《せんりゃくこうげき》兵器削減《さくげん》・制《せい》限条約《げんじょうやく》を批准《ひじゅん》します。その後、ウクライナ社会は、かなりの時間を費《つい》やし、時に痛みを伴《ともな》う激《はげ》しい論争《ろんそう》を経《へ》て、九六年にようやく「完全非核化《ひかくか》」を達成したのです。

二〇〇五年、広島の原爆《げんばく》記念館を視察《しさつ》した後に、当時のユーシチェンコ大統領《だいとうりょう》は、「ウクライナが核を放棄したことをどう評価《ひょうか》するか」とのジャーナリストの質問《しつもん》に答えて、この問題を政治的観点《せいじかんてん》だけでなく、全人類的視点《ぜんじんるいしてん》からも見ていることを説明しています。「一人の人間という次元《じげん》に立ったとき、私の気持ちは、こんな危《あぶ》ないものからはできるだけ遠くにいるほうが安心だと感じる無数の庶民《しょみん》の気持ちと同じです」と。

そして、国家の元首《げんしゅ》として、政治的観点から言えば、「この決断《けつだん》は優《すぐ》れて特異《とくい》なものであり、今日《こんにち》、それが正しかったか間違《まちが》っていたかということは問題ではありません」と説明しています。（中略）

池田　実感こもるお言葉です。万が一、核戦争が起これば、その行き着く先は、人類という「種《しゅ》」の絶滅《ぜつめつ》です。人間の死を悲しむ人さえいない「死の死」という非情《ひじょう》な現実《げんじつ》です。

二〇〇八年の四月から五月にかけて、スイス・ジュネーブの国連欧州《おうしゅう》本部で、私どもSGIが制作《せいさく》・主催《しゅさい》した「核兵器廃絶《はいぜつ》への挑戦《ちょうせん》と精神《せいしん》の変革《へんかく》」展《てん》が開催《かいさい》されました。合計三十六枚のパネルから構成《こうせい》されています。

同展《どうてん》は、二〇一〇年のNPT（核拡散防止条約《かくかくさんぼうしじょうやく》）再検討会《さいけんとう》議に向けた準備《じゅんび》委員会の関連行事でした。（中略）

展示は、見る人の心に、核の脅威《きょうい》や戦争の残酷《ざんこく》さを、強く深く訴《うった》えます。

核兵器の廃絶《はいぜつ》は、核兵器を「必要悪」と考える、その「心」の廃絶とも一体の問題です〉（前掲書）

２０１１年に出版された対談集の中でズグロフスキー博士が語っていることが、22年現在もウクライナ人の本音だと私は信じている。「ブダペスト覚書によって核兵器を廃絶したせいで、ウクライナの安全は保障されなかった。核廃絶なんてせず、あのまま核兵器をもち続けていれば良かった」という発想は、戦争の熱気の中で出てくる一時的なものだ。

皆が戦争の熱気に冒されていないときに、ウクライナ人がどう考えていたか。われわれはそこを原点として考えていくべきだと思う。本土決戦を目前に控えた１９４５年の日本だって、今のウクライナと同じ雰囲気だった。だからといって、日本の民衆が本気で「竹槍《たけやり》をもって戦い、討ち死にしよう」と願っていたわけではない。日本との類比（アナロジー）で考えてみよう。

■本心では平和を望んでいるウクライナの民衆

同対談集の表紙帯には、次の文言が書かれている。

〈肥沃な大地、豊かな文化――。
そして核兵器を廃絶した

平和大国
ウクライナの挑戦〉

これこそがウクライナ人の地の考え方だ。ロシアがウクライナに侵攻すると、ゼレンスキー大統領は18歳から60歳までの男性の国外脱出を禁止した。すべての男性は、身を挺《てい》してロシア軍と戦えという。ウクライナの民衆が、政府のこの方針を心の底から支持しているとは思えない。

大多数の日本人はウクライナ人が果敢な抵抗によって、ロシアの侵略者をドネック州、ルハンスク州はもとよりクリミアからも放逐することで終結する物語を望んでいる。しかし、この物語が成就する可能性は低い。ロシアがウクライナの東部と南部を併合する可能性が排除されないと私は見ている。

言うまでもないが私はそのような併合に反対する。ただし現実の歴史が私の願望と一致するとは限らない。ウクライナが首都をキーウから西部のガリツィア地方のリビウに移動するシナリオもありうる。ロシアとのつばぜり合いを続けながら、中間地帯に「ウクライナ人民共和国」とも言うべき緩衝地帯（バッファー）国家が誕生する可能性も排除されない。

ウクライナ総体として平和の国を構築していくために、われわれにどんな貢献ができるのか。日本で生活するわれわれがやるべき仕事は、ニュークリア・シェアリングと核保有を煽《あお》り立《た》てることであるとは思わない。

射程をわずか十余年前の対談集『平和の朝へ　教育の大光』まで戻せば、もう一つのウクライナの姿が見えてくる。さらには日本が果たすべき役割が、おのずと見えてくるはずだ。

■第2次世界大戦の教訓

同対談集をさらに読み進めていこう。

〈**池田**　トインビー博士が大著《たいちょ》『歴史の研究』を執筆《しっぴつ》され、逐次《ちくじ》、発刊《はっかん》されていく間に、第二次世界大戦が起こり、核兵器《かくへいき》が出現《しゅつげん》しました。

それは、〝西洋の没落〟どころか、〝人類《じんるい》の終焉《しゅうえん》〟を危惧《きぐ》させる出来事《できごと》でした。

その後、世界一周の旅に出た博士が、一段《いちだん》の非西欧《ひせいおう》地域《ちいき》に眼を注《そそ》がれ、特に大乗《だいじょう》仏教に関心を深めていったことはよく知られています。

博士は、私との対談『二十一世紀への対話』の序文《じょぶん》で記《しる》されております。

「仏教は、ほとんど平和的伝播《でんば》によってのみ広まっていった。しかもその流布《るふ》地域にあっては、土着の既存《きそん》宗教、既存哲学《てつがく》と出合ったさいにも、何らためらうことなく、それらの宗教、哲学と平和裏《へいわり》に並存《へいそん》してきた」と。

今、私たちが直視《ちょくし》しなければならないのは、この多種多様《たしゅたよう》な地球文明の存続《そんぞく》そのものです。地球文明のすばらしさの一つは、多様性にこそある。多種多様な文明や文化こそ、人類のかけがえのない財産《ざいさん》です。

それらを愚《おろ》かな人間の行為《こうい》で一方的に押《お》しつけたり、衝突《しょうとつ》を繰《く》り返《かえ》して、自滅《じめつ》させることだけは絶対《ぜったい》に防《ふせ》がねばなりません。（中略）

ズグロフスキー　これは、西洋文明が特に心しなくてはならない点です。

確《たし》かに、西洋文明が人類に与《あた》えた貢献《こうけん》は計《はか》り知《し》れません。深みのある文化、最高峰《さいこうほう》の学《がく》術的《じゅつてき》成果《せいか》、自由民主主義的社会モデルなど、数多くの価値《かち》を国際《こくさい》社会にもたらしました。

一方、他の文明も、西洋文明と同様の進歩を遂《と》げようとして、西洋文明の多くの要素《ようそ》を生活様式《ようしき》に取り入れてきました。

しかし、世界が西洋を模倣《もほう》するという流れのなかで、西洋は、自分の価値観《かちかん》とレシピ（方法）をそのまま他の文明に押《お》しつけるという習性《しゅうせい》を強めています。

他の文明は、そのような西洋のあり方に批判《ひはん》的になったり、あからさまな敵対《てきたい》心を示《しめ》すという現象《げんしょう》が顕著《けんちょ》になってきています。

これに関して、ハンチントンは、「西洋は、自《みずか》らの優位性《ゆういせい》を証明《しょうめい》し、西側の利益《りえき》を護り、西側の政治《せいじ》的、経済《けいざい》的価値観を認《みと》めさせることにより、世界を治《おさ》めるために、国際《こくさい》機関と軍事力《ぐんじりょく》と金融《きんゆう》資源《しげん》を使っている」としました。

換言《かんげん》すれば、西洋が理想とする「普遍《ふへん》的文明」を世界に形成する試《こころ》みは、その他の人々の反感《はんかん》を招《まね》きかねず、逆《ぎゃく》に民族《みんぞく》古来《こらい》の独自《どくじ》の文化を強めているのです。

今や、現代世界は、地球上のどの文明も互《たが》いに結びつき、関連し合い、微妙《びみょう》なバランスの上に存在《そんざい》しています。

したがって、西洋文明によって整備《せいび》された制度《せいど》や様式に何らかの深刻《しんこく》な変化が起きると、それは、インド、中国、日本、東方キリスト教世界、イスラム世界、その他のすべての文明にも波及《はきゅう》することになります。この変化は必ずしもよいものになるとは限《かぎ》りません。

ハンチントンは、著作『文明の衝突《しょうとつ》』の中で、西洋文明と他の諸文明との間に起き得る紛争《ふんそう》について問題提起《ていき》をしました。

人類《じんるい》はこれまでにない最大の寛容性《かんようせい》を発揮《はっき》して、平和的な共存《きょうそん》に努力すべきです。

人類は、多くの矛盾《むじゅん》を抱《かか》えた存在《そんざい》ですが、歴史そのものを崩壊《ほうかい》させるような事態《じたい》に対しては、細心《さいしん》の慎重《しんちょう》な対応《たいおう》が要請《ようせい》されます。

池田　そのためにこそ、「対話」です〉（前掲書）

2022年4月25日、ロシアの「グレート・ゲーム」という政治評論番組にロシアのラブロフ外務大臣が出てきた。そこでアメリカの共和党系のシンクタンク「センター・フォー・ザ・ナショナル・インタレスト」（旧称：平和と自由のためのニクソン・センター）のドミトリー・サイムズ所長と1時間語り合っている。米ロの間で対話が途絶えた状況の中、メディアを通じた回路で辛《かろ》うじて対話が続いている状況だ。池田SGI会長が強調するように、あらゆるチャンネルを開放して世界中に対話を広げなければならない。

■戦後を見据えて対話の波を起こせ

池田SGI会長は次のようにも語っている。

〈**池田**　グローバル化で、異文化《いぶんか》同士の接触《せっしょく》がふえればふえるほど、新たな誤解《ごかい》や対立がふえる可能性《かのうせい》もある。だからこそ、その溝《みぞ》を埋《う》めて余《あま》りある、相互《そうご》理解のコミュニケーションや対話の波を起こしていかねばならないでしょう〉（前掲書）

ロシアとの関係でわれわれがこれからやらなければいけない仕事は、戦後を見据えて対話の波を起こすことだ。創価大学は、モスクワ大学やサンクトペテルブルク大学をはじめとするロシアの12の大学と学術交流協定を結んでいる。創価大学はロシアから大勢の留学生を受け入れ、反対にモスクワ大学をはじめとするロシアの大学へ、創価大学から多くの留学生が旅立っていった。

創価大学とロシアを行き来した元留学生たちが、今こそ対話の最前線に立ってほしい。

〈**池田**　「縁起《えんぎ》」の思想を簡潔に説いた仏典《ぶってん》（雑阿含経《ぞうあごんきょう》）には、「これあればかれあり。これ生《しょう》ずるが故《ゆえ》にかれ生ず」「これ無きが故にかれなし。これ滅《めっ》するが故にかれ滅す」とあります。

「これ」「かれ」も地球上の多様《たよう》な「文明」「文化」とすれば、ある「文明」や「文化」を栄《さか》えさせれば、他のものも栄えゆく。逆《ぎゃく》に他者を滅《ほろ》ぼせば、自《みずか》らも滅んでいくのです。

人間生命には、無明《むみょう》（生命への根本的無知）に覆《おお》われて煩悩《ぼんのう》にまみれ、争《あらそ》い等を起こす

「悪性《あくせい》」の働きもあれば、一方、他者との関係性を重んじ、文化や文明、自然、さらに民《みん》族《ぞく》、人間の心をつなぎ、共生共存《きょうせいきょうそん》を強化しゆく「善性《ぜんせい》」のエネルギーも輝《かがや》いています。

仏法における精神性《せいしんせい》の進歩とは、この「善性」の開発であり、慈悲《じひ》や勇気、智慧《ちえ》に満《み》ちた人々の連帯《れんたい》を意味しています。

その正しい手段《しゅだん》こそ、「対話」です。

前にも紹介《しょうかい》したルネ・デュボス博士が述《の》べていました。

「地球は憩《いこ》いの場所ではない。人間は、必ずしも自分のためではなく、永遠《えいえん》に進んでいく情緒的《じょうちょてき》、知能《ちのう》的、倫理《りんり》的発展《はってん》のために、戦うように選ばれているのだ。危険《きけん》のまっただなかで伸《の》びていくことこそ、魂《たましい》の法則《ほうそく》であるから、それが人類《じんるい》の宿命《しゅくめい》なのである」(『健康という幻想』田多井吉之介訳、紀伊國屋書店)

多様性光る寛容《かんよう》と共生の世界へ、対話の旅を、こうして今、ズグロフスキー博士と続けられることは、私は何よりもうれしく思っております〉(前掲書)

われわれは同対談集に記されているこの路線を継承し、対話による「闘う言論」を展開していかなければならない。

「こういう緊迫した状況においてこそ、遠回りのようでいて対話がいちばんの近道だ」「戦争が起きている状況でこそ、対話を進めるべきだ。しかもわれわれが敵と思っている人との対話こそを始めるべきだ」

世界はこの路線で進むべきだ。池田ＳＧＩ会長が展開する「闘う言論」によって、人類は一刻も早く停戦の糸口を探していかなければならない。

■平和のための「闘う言論」

新約聖書には次の一節がある。

「平和を実現する人々は、幸いである、その人たちは神の子と呼ばれる」（「マタイによる福音書」５章９節）

戦争になると、大多数のキリスト教徒ですらこの大切な真理を忘れてしまう。ローマ教皇（カトリック教会のトップ）は言葉を慎重に選びながらもウクライナ支援の姿勢を打ち出し、キリル総主教（ロシア正教会のトップ）はロシアの「特別軍事作戦」に祝福を与えた。このような宗教指導者の態度と行動に私は、プロテスタント神学者の一人として深い憤《いきどお》りを覚える。

戦争の熱気の中で、もたらされる心の危機にどうやって抵抗し、平和の方向で歩みを進めていくのか。今こそすべての人々に人間革命が必要であるし、人類の宿命転換が未《いま》だかつてなく求められている。

池田SGI会長が執筆した小説『人間革命』を、創価学会は「精神の正史」と位置づけている。『人間革命』第1巻「黎明《れいめい》」の章の最初の4行を、私たちは不動の真理としてとらえるべきだ。

〈戦争《せんそう》ほど、残酷《ざんこく》なものはない。
戦争ほど、悲惨《ひさん》なものはない。
だが、その戦争はまだ、つづいていた。
愚《おろ》かな指導者《しどうしゃ》たちに、率《ひき》いられた国民《こくみん》もまた、まことに哀《あわ》れである〉(池田大作『人間革命』第1巻、聖教ワイド文庫版、2013年)

政治指導部が愚かなのは、世界史を通じてよくあることだ。愚かな指導者に率いられた民衆は、非常に不幸な状況に陥《おとし》れられる。

プーチン政権下のロシア人も、ゼレンスキー政権下のウクライナ人も、戦争に兵器とカネを出しているバイデン政権下のアメリカ人も、皆一様に哀れな状況に置かれている。その民衆の姿に目を凝らさず、勇ましいことを言って煽り立てる勢力は、年齢的に絶対戦争に行くことがない中高年だ。そういう人たちの声が強くなればなるほど、民衆はますます悲しく苦しい思いをすることになる。

ドネツク決戦が激化すれば、沖縄決戦のときと同じ血なまぐさい死闘が繰り広げられる。ドネツク州のマリウポリは、完全に地下要塞化している。ここで血みどろの死闘が続けば、硫黄島の戦いと同じ轍《てつ》を踏むことになる。一刻も早い停戦が大切だということは、火を見るよりも明らかだ。

この状況でウクライナの人々に「手を挙げて降伏しろ」と言うのは、あまりに無責任だと私は思う。それは戦争の当事者でない外野の人間が言うべき言葉ではない。外野の人間が「ウクライナの人々は徹底的に戦え」と言うのは、もっと無責任だ。

私たちは、ウクライナ戦争で苦しむ人たちの痛みに想像力を及ぼしながら、少しでも早く戦争を終わらせなければならない。日本社会が戦争の熱気で興奮状態にある状況で、平和を望む人々が大きな声を出すことができなくなっている。しかし、少し勇気を出せばできることがあるはずだ。心の中で「平和」「対話」「核廃絶」を望むウクライナ人、そして同じく平和を望むロシア人たちに思いを寄せて、平和のための「闘う言論」を展開することが、日本で生活する知識人の責務と私は考える。

池田SGI会長が対話によってズグロフスキー博士の本音を引き出したおかげで、ウクライナの人々が希求する平和への思い、核廃絶に対する思いがテキストとして記録された。ウクライナ情勢を考えるうえで、私たちは今こそ「池田・ズグロフスキー対談」に立ち返り、議論をスタートするべきだ。ウクライナ情勢を解決するために何よりも重要なことは、すでに対談集『平和の朝へ　教育の大光』の中に答えが書かれているのである。

■戦争の熱狂にブレない平和主義

2022年3月1日、創価学会青年部（志賀昭靖全国青年部長）が声明を発表した。

〈ウクライナで連日、戦火が広がっており、市民に被害が拡大していることは憂慮《ゆうりょ》に堪えない。戦闘によって多くの人々の生命と尊厳と生活が脅《おびや》かされる事態は悲惨であり、私たち創価学会青年部は即時停戦を求める。

国際社会でも懸念《けねん》が広がる中、安保理の要請による40年ぶりとなる国連総会の緊急特別会合が開幕した。グテーレス事務総長は「暴力の拡大が行き着く先は、子どもを含む民衆の犠牲であり、絶対に受け入れることはできない」と述べた。これ以上の惨禍を防ぐためにも、関係諸国が一致して外交努力を尽くしていくことを望む。とりわけ、緊張が高まる中で、核兵器による威嚇《いかく》ととれるような事態を看過することはできない。

どこまでも対話による外交によって平和回復への道を探る努力を続けるべきである。私たちは戦火にさらされている人々の無事と一日も早い事態の終息を祈り、今すぐ戦闘を停止することを重ねて強く求めたい〉（創価学会の公式ウェブサイトより）

日蓮《にちれん》仏法を信奉し、平和を希求する宗教団体として、創価学会はウクライナの問題に沈黙することはできない。と同時に、どちらが悪いともどちらが良いとも言わない。ロシアにもウクライナにもＳＧＩメンバーが存在する中、創価学会青年部が厳しい制約の中でこのような声明を発表したことを、私は率直に評価したい。

ウクライナ戦争への創価学会の対応は十分合格点に達しているといえる。日本の若者が保守化していると言われる中、創価学会青年部は戦争の熱狂に引きずられることなく、小説『人間革命』『新・人間革命』という「精神の正史」からブレずに、「闘う言論」を展開している。その意味で創価学会とＳＧＩが存在することは、戦乱の世界における大きな希望といえるだろう。

初出一覧

第1章

「文藝春秋」2005年12月号「死神プーチンの仮面を剝げ」

「SAPIO」2012年4月4日号「プーチン大統領復帰のロシアから『何が何でも北方領土を取り戻す』ための戦略」

「文藝春秋」2014年4月号「最強の独裁者プーチンの凄腕」

第2章

「週刊東洋経済」2012年3月24日号「知の技法・出世の作法」【第238回】「プーチンから学ぶ出世に必要な要素とは」

「同」2012年3月31日号「知の技法・出世の作法」【第239回】「ビジネスにもつながるプーチンの人脈活用術」

「同」２０１２年４月７日号「知の技法・出世の作法」【第２４０回】「プーチンから学ぶ遅い出世からの挽回法」

「同」２０１２年４月14日号「知の技法・出世の作法」【第２４１回】「プーチンに見るボスの信頼を得る法」

「同」２０１２年４月21日号「知の技法・出世の作法」【第２４２回】「プーチンに見る権力掌握への道筋」

「同」２０１２年４月28日・５月５日合併号「知の技法・出世の作法」【第２４３回】「プーチンに見るリーダーの情報発信」

「同」２０１２年５月12日号「知の技法・出世の作法」【第２４４回】「プーチンから学ぶ具体的な五つの流儀」

第3章

「新潮45」２００７年７月号「プーチン後継者争いにみる凄まじき『男の嫉妬』」

「新潮45」２００７年11月号「日本・ロシアで首相が同時辞任！　日露対抗『権力と男の物語』」

「世界」２００８年３月号『『プーチン二〇年王朝』シナリオの綻び」

「新潮45」２００８年３月号「20年王朝の危機……カリスマになりそこねたプーチン」

「中央公論」2011年11月号「佐藤優の新・帝国主義の時代」【第32回】「プーチンの返り咲きは好機　いまこそ北方領土返還を狙え」

「中央公論」2011年12月号「佐藤優の新・帝国主義の時代」【第33回】「日本のTPP参加の真価を読み解く　中国包囲網を目論むロシア」

「中央公論」2012年5月号「佐藤優の新・帝国主義の時代」【第37回】「プーチン論文が暗示する未来」

第4章

「文藝春秋」2008年7月号「インテリジェンス交渉術12——小渕vsプーチンの真剣勝負」

「文藝春秋」2005年12月号「死神プーチンの仮面を剝げ」

「中央公論」2009年7月号「佐藤優の新・帝国主義の時代」【第5回】「北朝鮮の外交ゲーム」

「SPA!」2016年12月27日号「実は『安倍・プーチン会談』は大成功だった!」

「週刊東洋経済」2021年6月26日号「知の技法・出世の作法」【第684回】「平和条約交渉を続けるとしたプーチン大統領の真意は」

第5章

有料メールマガジン　佐藤優直伝「インテリジェンスの教室」２０１４年２月26日号、同３月12日号、同３月26日号、同10月８日号、11月12日号、２０１５年２月25日号
「週刊東洋経済」２０１４年３月29日号「知の技法・出世の作法」【第３３６回】「クリミアのロシア編入を支持した住民投票」

第6章

有料メールマガジン　佐藤優直伝「インテリジェンスの教室」２０２２年３月９日号、４月13日号、４月27日号
「毎日新聞」政治プレミア「独露関係の悪化」２０２２年４月25日
「プレジデントオンライン」２０２２年４月27日、４月30日

以上の初出原稿をベースとし、大幅に加筆・修正しました。
第６章は、語り下ろしも含まれます。
終章は、語り下ろしです。

佐藤 優（さとう・まさる）
1960年東京都生まれ。同志社大学大学院神学研究科修了後、専門職員として外務省に入省。在イギリス大使館勤務、在ロシア大使館勤務を経て、外務省国際情報局で主任分析官として活躍。2002年、背任と偽計業務妨害容疑で逮捕・起訴され、09年6月に執行猶予付き有罪確定（13年6月に執行猶予期間が満了し、刑の言い渡しが効力を失った）。著書に『国家の罠』（毎日出版文化賞特別賞）、『自壊する帝国』（新潮ドキュメント賞、大宅壮一ノンフィクション賞）、『十五の夏』（梅棹忠夫・山と探検文学賞）、『池田大作研究　世界宗教への道を追う』『21世紀の宗教改革Ⅱ――小説「新・人間革命」を読む』など多数。20年12月、菊池寛賞（日本文学振興会主催）を受賞。同志社大学神学部客員教授も務める。

潮新書 045

プーチンの野望

2022年　6月6日　初版発行
2022年　7月3日　4刷発行

著者｜佐藤　優
発行者｜南　晋三
発行所｜株式会社潮出版社
〒102-8110
東京都千代田区一番町6　一番町SQUARE
電話　■03-3230-0781（編集）
　　　■03-3230-0741（営業）
振替口座■00150-5-61090

印刷・製本｜凸版印刷株式会社
ブックデザイン｜Malpu Design

ISBN978-4-267-02347-7　C0295